町山智浩・春日太一の日本映画講義

時代劇編

町山智浩　春日太一
Machiyama Tomohiro　Kasuga Taichi

河出新書
008

はじめに――日本刀のような切れ味の傑作群をご覧あれ

ズバッ！

ブキュッ！

日本刀が肉を斬り、骨を裂く音が響き、腕が、首が、血しぶきが飛び散る！

そんな強烈な時代劇映画が、次々とつくられていた時代がありました。その凄まじさ、美しさ、面白さについて、映画研究家の春日太一氏との対談を文章にしたのが本書です。

一九六〇年代、時代劇の殺陣《たて》には革命が起こりました。リアルに、ダイナミックに、バイオレントに、日本刀の威力と魅力を描く技術が確立していったのです。

それまでの日本映画の時代劇における殺陣は、舞台劇における振付の延長で、チャンバラという言葉のとおりに刀をぶつけ合い、斬った後に見得を切ったり、斬られた相手が傷口を押さえてポーズを取ったりする、様式的で舞踊的なものが支配的で、もちろん、斬られても血が出ることはありませんでした。

それを大きく変えたのは、黒澤明監督でした。『七人の侍』（'54）の三船敏郎は、剣術の心得のまるでない百姓で、ただがむしゃらに刀を振り回し、様式美ではないリアルな斬り合いを見せました。

さらに『用心棒』（'61）の三船は、振付としての「殺陣」ではなく、実際に人を斬り殺す居合の動きを見せます。さらにここで初めて、肉や骨を切断する効果音が使われ、斬られた腕がボトッと落ちる描写で世界を驚かせます。

さらにその続編『椿三十郎』（'62）では、三船が斬った仲代達矢の心臓から噴水のような血しぶきがほとばしり、これがきっかけで六〇年代から七〇年代にかけて、日本の時代劇の殺陣は過激化していきました。

そんな作品群のなかで、本書では、黒澤の他に内田吐夢《とむ》、三隅研次、五社英雄、という三人の監督作品を大きく扱っています。三人とも徹底的に人を斬ることにこだわり、鬼気迫る時代劇を作り上げました。内田吐夢は、宮本武蔵を英雄ではなく、誰よりも強くなることだけを目指し続ける修羅として描きました。三隅研次は日本刀の妖しい輝き、切れ味、殺気を表現する美学に生涯を捧げました。五社英雄は人を斬ることしか知らないアウトローたちの純情に心を寄せました。

本書で扱った映画の主人公たちの多くは、いわゆる「武士道」やサムライ・スピリッツとは無縁で、ひたすら剣に取り憑かれた男たちですが、アンチテーゼとしてアンニュイで七〇年代的な原田芳雄の魅力も語りました。

時代劇、というと古臭い、辛気臭い、と思う人もいるかもしれませんが、ここに紹介したのは、長い時を経ても、まったく鋭さを失わない、名刀のような映画ばかりです。ご堪能ください！

二〇一九年五月

町山智浩

目次

第五章 『竜馬暗殺』『浪人街 RONINGAI』――ザ・アウトロー、原田芳雄 219

第一章

『七人の侍』

――日本映画の革命

★農民に雇われた凄腕の七人の男が野武士との戦いに挑む。日本映画史上不朽の名作。ヴェネチア国際映画祭銀獅子賞受賞。米国映画『荒野の七人』としてリメイクされた。

公一九五四年四月二六日 製東宝 配東宝 時二〇七分
監黒澤明 脚黒澤明、橋本忍、小国英雄 製本木荘二郎 撮中井朝一 美松山崇 音早坂文雄 録矢野口文雄 照森茂 編岩下広一 出志村喬（勘兵衛）／稲葉義男（五郎兵衛）／宮口精二（久蔵）／千秋実（平八）／加東大介（七郎次）／木村功（勝四郎）／三船敏郎（菊千代）

とてつもない予算

町山　まず企画の段階から話しましょう。これだけの長いシナリオをどのように企画を通して予算をとってつくっていったか。

春日　まずこの映画の大作っぷりがすごいんですよね。製作日数が二七一日、総製作費が二億一〇〇〇万円。当時の平均的な映画の予算が四〇〇〇万円と言われていますので、約五倍です。しかも一九五四年、戦争が終わって一〇年も経っていない時期にそんなお金をかけてしまった。

町山　フィルムの尺数が長いとそれだけで予算規模が巨大になってしまうね。だから脚本の段階で予算が足りなくなるのはわかっていたのに、なぜ企画を通してしまったんですかね。

春日　それを通してしまったのが当時の東宝の森岩雄[*1]という製作トップの人。彼が後に回顧録『私の藝界遍歴』で書いているのは、「東宝再建のためにはどうしても大作を製作する必要があった。大袈裟に言えば、苦しい会社の台所から見ると社運をかけた作品でもあった」ということです。会社としてもこれに乗っかるしかないという部分がもともとあっ

＊1　プロデューサー方式を導入し、日本映画を近代化した。

たわけです。なぜかというと、戦後すぐ東宝争議があって、労働組合との争いで東宝は会社が分裂して製作機能が止まってしまう。そして黒澤明はじめ当時の主だった監督やスターたちは会社を離れていくわけです。そこに創業者の小林一三《いちぞう》[*2]が、公職追放といって戦争責任を問われる形で社長を追われていたのが日本の独立とともに解けて、それに併せて黒澤明たちが戻ってきます。そのとき東宝の復活のアピールを世間に大々的にする必要があった。そして一九五四年に二本の大作映画をつくる。それが『七人の侍』と『ゴジラ』（本多猪四郎《いしろう》監督）でした。それだけ東宝としてもこの映画に賭ける気概があったので、思いきり無理な企画だったんだけれども通してしまった。しかも黒澤明はこの少し前に『羅生門』（'50）でヴェネチア国際映画祭銀獅子賞とアカデミー賞国際映画賞を取っています。

町山　『羅生門』は東宝と別の会社で撮ってるんですよね。

春日　争議の際に東宝から出て、大映で撮っています。そして今度は「世界のクロサワ」として凱旋してきた。

町山　でも、黒澤明は『七人の侍』以前にはアクション大作を撮った経験ないんですよね。その結果、予算超過で何度も撮影中止になっているんですよ。

春日　その度に黒澤は森岩雄に頼みにいっています。お金をください、時間をください、と。それくらい何度も撮影が止まっては再開して。森岩雄はそれでもお金を出し続けました。

町山　黒澤明はクライマックスの雨の中の決闘シーンを最後まで撮らないようにしたそうですね。クライマックスがなければ映画を中止にできないはずだからということで、クライマックスを人質に取ったと。そしたら、冬になっちゃった。エンディングは田植えのシーンなので、物語の設定はおそらく五月くらいなんですが、雨のシーンをよく見ると、吐く息が真っ白ですね。真冬に撮ったんですか?

春日　なんせ二七一日かけていますから。四季を全て跨《また》いでいるんです。

無茶な撮影

春日　黒澤明が大作映画を撮るのが初めてだったというのがあるもので、けっこう無茶なことをやっていて、後から反省してるんですよね。特にいちばん悲惨なことが起きたのが、後半が始まってすぐに野武士のアジトである丸太小屋を七人の侍たちが襲撃するシーン。あそこで小屋が燃えますけど、あれは本当に燃やしたわけですよ。本当に燃やしたのはいいんですけど……、その燃やし方がわからないわけですよね。しょうがないので、とりあ

＊2　時代劇映画に革命を起こした巨匠。『羅生門』（'50）『用心棒』（'61）『乱』（'85）など。

えずセットを燃やして「よーい、スタート」で撮影を始めたところ、「こんなに早く燃えるのか」と驚いたと黒澤は後に振り返っています。

町山 土屋嘉男《よしお》＊3扮する利吉が、奥さんが自殺しようとして火の中に戻っちゃったので、それを追って火の中に入ろうとするんだけど火に押しのけられる感じで後ろへ後退する。

春日 あそこをよく見ると、土屋嘉男が顔を押さえているんです。あれは芝居じゃなくて、本当に火が飛んで。

町山 火傷《やけど》してますね。

春日 顔に水ぶくれがたくさんできるくらいの火傷になって、もっと近づかないといけなかったけど近づけなかった。あともう一つは、あの場面で打ち掛けが落ちちゃったんですけど、あれもNGなんです。あそこに落ちちゃいけなかった。それでスタッフが取りに行こうとしたら、黒澤が慌てて止めたというね。「いや、今行ったら危ない」と言った瞬間に、映画を見たらわかりますけど、落ちてぶわっと打ち掛けが燃えてるんですよ。もし取りに行ってたらそのスタッフは焼け死んでた。

町山 あの打ち掛けは本物だそうですね。今だと一〇〇万円とかするような。

春日 だから慌てて火の中にスタッフは取りに行こうとしたんですけども、一瞬のうちに火が落ちてきた。黒澤は「セットを燃やすと、セットというのは安普請《やすぶしん》だから中が空洞で思ったより早く燃える。それはリアルな燃え方じゃないからだめだ」というようなことを『大系 黒澤明』の第二巻に採録されているインタビューで語っています。それで後に『乱』（'85）を撮ったときは本当の城を造って燃やしています。考えることのスケールが違うんですよね、この人。

町山　水車小屋のシーンもそうで、あっと言う間に燃え落ちてしまって、必要な画《え》が撮れないから何度も建て直してるという。ああ燃えちゃった、もう一回建て直して撮ろう、ああ燃えちゃった、というのを繰り返している。

春日　まだ物価が安い時代だから何とかなったんでしょうけどね。

町山　人件費も物価も安かった時代。炎とか水とかコントロールしにくいものをわざと使っている。あと風。

春日　画面の中に劇的な背景をつくり出して、空気を動かすことで映像に迫力を出すというのは黒澤明のスタイル。デビュー作の『姿三四郎』（'43）のときからずっとやり続けてきた演出でした。あの時は風。今回は劇的な効果として雨と火を使った。

＊3　『七人の侍』以降、黒澤組の常連に。東宝特撮映画にも多く出演。

元はオムニバス

町山　七人のエキスパートが結集するというアイデアはその後、世界中の映画や小説やマンガのスタンダードになりますが、そもそも『七人の侍』は、どこから着想を得たんでしょう。

春日　実は『七人の侍』はもともと全然違う企画だったんですね。橋本忍さん*4からうかがった話によると、最初は「侍の一日」という企画でした。ある城勤めの侍の日常を追いかけていく話。最後にあるミスを犯してしまったために切腹して死ぬ。そういう、侍の日常を描こうとしたんですけど、いくつかディテールのところで問題が起きます。それは侍が昼に弁当を食べるかどうか。橋本忍が書いた脚本は弁当を食べるという前提でドラマの重要な場面をつくったんですけど、実は食べないということが判明して。

町山　昔は一日二食だったんですね。夜ふかししないから。

春日　それでそのシナリオは引っ込めます。かわりに黒澤明が提案してきたのは「剣豪列伝」という企画で、実在した八人の剣豪の見せ場だけで構成していくオムニバスでした。これを橋本忍は脚本に書いて黒澤に見せたら、黒澤は「オムニバスはだめだな」と。なんでかというと「起承転結がない」。それはそうですよね、見せ場だけで繋《つな》いでいますから。どうしようかと話し合いになったときに出てきたのが、武者修行の映画だったんですね。

侍たちは剣の腕を磨くために全国を旅するわけですけど、どうやって稼いでいたんだろうということが気になるわけです。そのときに資料として本木荘二郎《そうじろう》[*5]プロデューサーが提案してきたエピソードが、「百姓に雇われて村を警備するというアルバイトが当時あった」という。それを提案した瞬間に、橋本忍の話によると――ここで急にやりとりが橋本調になるんですけど――黒澤明と橋本忍の二人は目と目を合わせて「できましたね」「できたな」と言ったという。

町山　できすぎですね（笑）。橋本さん、つくってません？

春日　『砂の器』[*6]（'74野村芳太郎監督）の刑事たちそのものですもんね。ただ、そうやって『七人の侍』の、侍が百姓を守るという設定ができたというのは確かです。

町山　本来は七人とか八人の侍のばらばらのエピソードを繋いだオムニバスになるはずを、一つのドラマにしたと。

＊4　骨太な傑作を多く執筆。『日本のいちばん長い日』（'67）『砂の器』（'74）など。著書に『複眼の映像 私と黒澤明』。第六章も参照。
＊5　黒澤作品ではほかに『野良犬』（'49）『羅生門』（'50）『生きる』（'52）など。
＊6　松本清張原作、橋本忍・山田洋次脚本。丹波哲郎演じる刑事が音楽家の犯罪を追う。

春日　百姓を守るというエピソードができたことで、全てが一つに通るようになった。

菊千代の登場

春日　そのオムニバスに唯一いなかったのが三船敏郎[*7]演じる菊千代でした。

町山　侍と百姓が協力して敵と戦うというシナリオを書き始めて、侍たちが村に入ると村人たちが戸を閉めて脅えて出てこないというシーンが出てくる。それで「こいつらのために戦うなんて冗談じゃねえよ」みたいな話をしたところで、執筆が止まっちゃった。

春日　黒澤明が言っていたのは「このシナリオは何かが書き足りない」と。それで橋本忍、小国英雄[*8]と話したとき、「カードは全部揃っている」ということになって。キングは誰、クイーンは誰といったときに、唯一ないのがジョーカーだと気づくわけです。それで、ジョーカー的なキャラクターをつくるという話に。

町山　ジョーカーというのはトランプだと何でもアリ。ワイルドカードですね。

春日　侍たちはちゃんとした「数字」なわけですよ。そこに「数字じゃない奴」を一人入れる必要があるなということで、侍出身じゃない、剣豪じゃない奴を入れよう、と。百姓出身の腕の立たない奴を入れることによって、この物語の「百姓」と「侍」というそれぞれ別の社会にいる人間を繋ぐことができる。これで菊千代が生まれます。それで、三船敏郎は当初は宮口精二[*9]のやった居合の達人の久蔵《きゆうぞう》をやるはずだったんですけれども、菊千代に変わります。久蔵の役柄が宮口精二がやってるとは思えないくらい主役的な扱いなのには、そういう背景があったわけです。

町山　久蔵はいちばん腕の立つ剣豪で、演じる宮口精二も本当にそういう人に見えてくる。でも、本当は剣を触ったことがなかったそうですね。

春日　もともとあの人は文学座の俳優で、新劇の人です。映画では現代劇を中心にやってきた。時代劇で立ち回りってやったことがなかったので、相当ガチガチだったといいます。ところが実際に剣を持たせてみたら、すぐにすっと馴染《なじ》んだそうです。

町山　『七人の侍』はアメリカで版権が買われて『荒野の七人』（'60 ジョン・スタージェス監督）になってますね。その中で久蔵にあたるキャラクターを演じているのはジェームス・コバーンですね。ナイフ使いで。で、二人とも馬面なんだよね。顔が似てる人を選んでる。

＊7　『酔いどれ天使』（'48）から『赤ひげ』（'65）まで黒澤作品に主演。外国映画への出演も多く〝世界のミフネ〟と呼ばれた。第六章も参照。
＊8　脚本家。『生きる』（'52）『赤ひげ』（'65）など。
＊9　映画では黒澤明や木下惠介などに重用された。

死に方まで同じで、宮口精二さんは撃たれて、敵に向かって刀を抜きながら絶命する。で、ジェームス・コバーンもナイフを投げようとしながら死ぬんですよね。あれは完全にコピーしてますね。

黒澤と三船

町山　キャラクターの話をしましょう。「勘兵衛殿、あなたの人柄に惚れたのじゃ」と言う片山五郎兵衛を演じる稲葉義男[*10]もすごくいいんですけど、現場では全然うまくいかなかったんですよね。

春日　他の六人はキャリアを積んだ名優だったりスターだったりするんですけど、稲葉義男だけは実は俳優座の無名の俳優から大抜擢される形であそこに来ています。いきなり黒澤組のあの超大作で、他の六人がこのメンバーで。あがりにあがりまくって全然芝居ができなくて顔がずっと青ざめていたといいます。それで黒澤明もこれじゃやばいなと思って、稲葉義男は野球が上手いということで黒澤明が気を遣って本番前にキャッチボールをやっていたそうです。

町山　リラックスさせるために。

春日　野球をやればちょっと気が楽になるだろうと。

町山　すごくリラックスしたキャラクターなんだよね。
春日　でもたしかに台詞が硬いんですよね、稲葉義男。
町山　で、もちろん菊千代の三船敏郎の芝居がすごいんですが、あれはほとんどアドリブだって？
春日　そうですね。三船はかなり菊千代の役にはまり込んでいて、台詞は変えていませんが多くの動きは自分のアドリブでやっています。黒澤に「これやらせてください。お願いします」と言ったら、黒澤は基本的に三船に甘いというか、三船が好きでしょうがないので、それでオーケーと。野上照代[*11]さんの本『天気待ち』に書いてあったのが、三船が提案している時、黒澤はずっとコーヒーを見ないで三船の顔ばっかり見ていた、と。
町山　うっとり（笑）。
春日　三船がいろんな動きをしてるのをちゃんと収めたいという発想がものすごくあるなとは見ていて思いますよね。
町山　志村喬《たかし》[*12]の演じる勘兵衛が黒澤明そのものに見えてくるんですよね。

＊10　名脇役としてテレビドラマ『ザ・ガードマン』（'65〜'71）などで活躍。
＊11　スクリプター。著書に『完本天気待ち　監督・黒澤明とともに』など。

春日　これに限らず、黒澤明の映画における三船敏郎に対する志村喬は黒澤そのものですよ。それこそ最初の『酔《よ》いどれ天使』（'48）も『野良犬』（'49）も。暴れん坊の三船を優しく見守るスタンス。

町山　黒澤が三船にしたことと、劇中で起こることがほぼ同じになってる。

春日　勘兵衛は木村功が演じる勝四郎を最初は可愛がって、菊千代は突き放す。そうすると菊千代は隣でワーッとしながら怒ってるという。

町山　勘兵衛をめぐって若い二人の男が「この人、私の！」って取り合ってるようにしか見えない。しかも勘兵衛は加東大介[*13]の七郎次には「俺の古女房だ」と言っちゃう。どれだけいろんな男にモテてるんだというね。

春日　男社会の中で関係性を築いていくというのは、黒澤明にとっての黒澤組そのもの。

町山　また、侍たちはみんな、菊千代のことが可愛くてしょうがなくなってくる。「もうあいつがいないと寂しい！」とモロに言うし。

春日　菊千代の最後の死に方も、スターの演じる役にやらせる死に方じゃないですよね。ケツ丸出しで、顔を泥に突っ込んで死ぬという。

町山　それがまたいい！　あのシーンについて、アンドレイ・タルコフスキー[*14]がこう言ってます。[*15]「泥だらけの三船敏郎の尻が雨に洗われてどんどん綺麗に白く美しく天使のようになっていく」って。タルコフスキーも惚れてる。

春日　今までの映像で気づかなかったんですが、４Ｋで見て気づいたのが――。

町山　あのお尻。

春日　そう。三船の肌が雨を弾いてるんですよ。綺麗に流れてく。これをずっと回してる黒澤の想いは――。

町山　そして、こちらも見てるうちに菊千代が可愛くてしょうがなくなってくる。

残酷な百姓

町山　菊千代の台詞で印象深いのは「百姓っていうのをお前ら知ってるのか」から始まるやつです。「百姓というのはずるくて弱虫で――」という話をするところで、七人の侍に

＊12　黒澤作品では他に『生きる』（'52）に主演。『ゴジラ』（'54）など特撮映画でも活躍。
＊13　前進座の俳優。『用心棒』（'61）『大番』シリーズ（'57～'58）『社長』シリーズ（'56～'71）など東宝映画の名脇役。著書に『南の島に雪が降る』。
＊14　旧ソ連の映画監督。『僕の村は戦場だった』（'62）『惑星ソラリス』（'72）など。
＊15　John Gianvito (ed.), *Andrei Tarkovsky: Interviews*, University press of Mississippi.

戦う理由がはっきりとできるんですね。菊千代という最後にできたキャラクターのマジックがこの映画を完成させているんですね。

春日　あのシーンは菊千代がチームの一員として認められた瞬間でもあるわけですよね。同時にそこに黒澤明の考える大衆観というか村社会観が見えてきます。

町山　黒澤は敗戦直後の一九四六年に『わが青春に悔なし』という映画を撮ってるんですが、それは農民に対してものすごく辛辣な内容なんです。

春日　原節子[*16]が演じるインテリのヒロインがある農村に行って「村社会」の中でひたすらひどい目に遭う。日本の村社会というものに対する黒澤の嫌悪感がものすごく伝わってくる内容です。それからこの作品の百姓も残酷。寄ってたかって野武士を殺すわけですから。

町山　『わが青春に悔なし』の舞台は第二次世界大戦中で、ヒロインの恋人は反戦運動家で、特高警察に捕まって獄中死してしまう。ヒロインは、死んだ恋人の両親が住む田舎の農村に行って、彼らを助けるんだけど、村人たちは「非国民め」と言って、ひどい嫌がらせをする。で、結局日本は戦争に負けるんですけど、すると人々は急に手のひら返すように「戦争終わってよかったね。平和万歳」となったわけで、そういう庶民のずるさに対する黒澤の怒りが滲《にじ》み出している映画ですね。

春日　敗戦の日をきっかけに一日で急に人の態度が変わったのを目《ま》の当たりにして人間不

信になっていった映画人はけっこういるんですよね。それがある種ドキュメント的に出たのが『わが青春に悔なし』で、それに通じる農村への嫌悪感が『七人の侍』の農村に出てますよね。とてつもなくグロテスクな存在として。最初に「良民」ってわざわざテロップを出したくらいなので、本来なら「農民が正義」で「野武士が悪」とわかりやすい図式で描くはずが、そこに農民のグロテスクさを加えるというのがやっぱり黒澤。

町山　黒澤明は戦前にロシア文学とかロシアの社会運動に関してすごく研究していました。ロシア革命の頃はインテリが農村に入っていってプロパガンダやオルグを行う運動がありました。ナロードニキというんですけれども、日本の左翼もそれをやって失敗してるんですよ。黒澤はそれもこの映画に盛り込んでいて、戦線から離脱しようとした農民を勘兵衛が走っていって斬ろうとするシーンは、ロシアのパルチザン運動の中であったエピソードを書いたものからヒントを得たそうです。

春日　黒澤はトルストイの『戦争と平和』を最終的に描きたくて、橋本忍もいずれ『戦争と平和』にもっていくための第一段階として『七人の侍』があったと言っていますので、そういうところが多分にあったのではないかと思います。

＊16　日本映画を代表する女優。『白痴』（'51）『東京物語』（'53）など。

町山　久蔵に対して勝四郎が「あなたは素晴らしい人です」と言うシーンがあるんですけど、あれももともと『戦争と平和』にある。

凄まじい戦闘シーン

町山　画期的なのはやっぱり戦闘シーンの撮影ですね。特に弓矢が刺さるところがありますけども、本当の弓矢のスピードで飛んでいって左卜全《ひだりぼくぜん》*17のお腹に刺さったり、あと女性の背中に刺さりますよね。あれは、矢を中空にしてパイプ状にして、中に細い糸を通して、標的に結びつけて弓で射たそうですね。標的の背中には板を入れておいて。

春日　しかも移動撮影で撮ってるものだから、そりゃあもう時間がかかりますよ。

町山　あの方式は『蜘蛛巣城《くものすじょう》』('57)でもやってますね。

春日　『蜘蛛巣城』は本当の矢を射っています。三船が死にそうになったという。

町山　『七人の侍』では女性が実際に怪我したらしい。弓が刺さっちゃって。命がけ。当時、撮影してるときに黒澤は「人が一人くらい死んでもしょうがない」と発言して問題になった。「戦争をやろうと思ってるんだから、これから」と。

春日　黒澤は自分が面白い映画をつくるためなら、そこは気にしない人ではあったと思います。その結果、この映画はアクション描写において革命を起こしています。そのためには時代劇でなければなりませんでした。黒澤明は先ほどの『大系 黒澤明』の第二巻にあったインタビューでこういうことを言っています。それまでテーマにこだわってつくりすぎて疲れたということがあって、「テーマなしで娯《たの》しくつくるという条件を満たすのは、何と言っても時代劇である。時代劇なら作者のイメージは自由に羽を伸ばせる。時代劇のアクションドラマをやりたい。『七人の侍』の根本はここですよ。日本にはまだちゃんとした活劇ができていない。そして外国映画を見ても、活劇の爽快感はあるが、人間が描けていない気がする」と。つまり黒澤明が目指そうとしたのは、日本には活劇はないけれども情というかドラマは描けている、外国のアクション映画にはドラマがないということで、これを融合させてこれまでにないアクション・ドラマをつくろうとした。だから時代劇の中にかなり西部劇の、つまりハリウッドのアクションの演出手法を多く入れています。

いちばん特徴的なのは、4Kになってはっきり見えましたけど、冒頭のシーンで野武士がバーッと馬で駆けていくところ。馬が砂埃《すなぼこり》をバーッと立てていく。あれはジョン・フォード[*18]の西部劇から持ってきています。なぜそれをやったかというと、馬を普通に走らせて

＊17　『七人の侍』では百姓与平役を演じた。他に『どん底』（'57）など。
＊18　『駅馬車』（'39）『荒野の決闘』（'46）など多くの名作を監督したアメリカの巨匠。

も映像としてはスピード感が出ない。そこに砂埃が立つことによってスピード感が出る。そういうアクションのスピード感を日本映画に持ち込みたかったというのがあって、ジョン・フォードに学んでいます。ただ大変だったのが、馬の走る先に砂埃が立ちやすいように白い粉を撒《ま》いてるわけですけど日本のスタッフも馬も慣れてないのがあって、馬が警戒してなかなか動いてくれなかったという。

町山 石灰を撒くんですか？

春日 石灰とか、あと「はったい粉」という粉ですね。

町山 麦を炒《い》った粉で、きな粉に匂いが似てるやつですね。映画の撮影現場に行くとすごくきな粉の匂いがする。

スリルとサスペンス

春日 あと、黒澤明が言っているのは、「スリルとサスペンスをつくりたい」ということです。日本映画はどうしてもサスペンスが弱い。そこで使ったのが地図です。何度も地図が出てきて、いま映っている場面が村の中でどんな位置にあって、それぞれの拠点がどんな距離になっているかが一目瞭然にわかる。つまり地勢がはっきりわかってなかったら、どこで何をやっているかがわからない。すると敵が攻めてきても、どう迎え撃っているかがお客さんには見えない。それではサスペンスが生まれないんじゃないかと黒澤は考えました。このちょっと前に『ひめゆりの塔』（'53）という今井正《ただし》*19監督の戦争映画が公開されて大ヒットしたんですけど、あれを見て黒澤監督は不満を感じたらしいんですよ。「沖縄戦なのにどこで戦っているのかがわからない」と。だから彼女たちが追いつめられていく感じが全然見えない。「ドラマで泣かせようというのはうまくいってるかもしれないけど、追いつめられている感じがないからサスペンスとして盛り上がらないじゃないか。だったらちゃんとそこの地勢を描かなくてはいけない」と黒澤は考えて、何度も地図を見せながら「ここをこう守ろう」と延々とやっていたわけですよね。あれは当時の日本映画ではまったくない発想でした。

町山　あとボディカウントをやってますね。四〇騎、最初は丸をつけておいて、殺した野武士の数をどんどんカウントしていくというのも非常にわかりやすい。

春日　時代劇の多くが「戦闘」を描いてこなかったんです。立ち回り、チャンバラとして描いてきて、主人公はスーパーな存在なんですよ。そうするとたくさんの人間に取り囲まれても、バッタバッタと斬っていくわけですね。それは戦前も現代も変わってないところ

＊19　『真昼の暗黒』（'56）『武士道残酷物語』（'63）など数多くの社会派映画を手掛けた。

なんですけど、黒澤明はリアルな戦闘として描こうとしたので、具体的に何対何で何人殺して残り何人かということをちゃんと描く。これも革命的な部分です。

町山　今でもテレビ時代劇だったりで大立ち回りだと、最初のほうで斬られた人が画面の外で立ち上がってもう一回斬りかかったりしてますね。

春日　それから、見得を切ったりとかアップで立ち姿の綺麗さを出したりとか、そういう様式が一切ない。皆ごちゃごちゃの中で斬っていって、気がついたら誰かが死んでいたと。だから死のシーンがまったくドラマティックではない。気がついたら稲葉義男が死んでいる。気がついたら宮口精二が撃たれている。三船敏郎のところだけ劇的にはなってますけど、最後は顔を突っ伏して死んでいく。死についてもリアルに描いていった。ここにも、アクションを戦闘として意識的に描いていたというのがすごくわかります。つまり、本当のアクション演出を日本映画に持ち込んだ。同時に、海外に対する喧嘩の売り方として、アクションの背景にこれだけのドラマを盛り込めるんだよということを示した。だからこれは時代劇の革命であるとともに日本映画の革命でもあり、また世界の映画に対する一つのカウンターとして成り立ったということで、『七人の侍』が後々の映画界に大きく波及していったわけです。時代劇や日本映画だけじゃなくて、ハリウッドに対しても変えていこうという視野をもってつくっていた。

野武士の存在

町山　ただ、『七人の侍』には足りないところがあると思う。それは、敵が何だかわからない。まったく台詞がないし、顔すら見えない。野武士とは一体何者なのか、何が目的なのか。全然わからない。

春日　これは黒澤映画全体の一つの特徴かもしれないですけど、悪役側のことは掘り下げていかない。

町山　実際は野武士というのは『七人の侍』にならなかった人たちですよね？　戦国時代、侍はそれぞれお殿様の下に仕えているけど、殿様が殺されたら、侍は全員失業する。食うためには野武士になるしかない。そうじゃなくて「どうしようかな、新しいお殿様を見つけようかな」と言ってるのが七人の侍たち。実は彼らは裏表でしょう。

春日　ダークサイドに落ちたら野武士になる。落ちなかったら七人の侍になる。この映画の一つの背景に、落ち武者狩りというのがあります。戦いに負けた侍は逃亡してる間に百姓たちに殺されて身ぐるみをはがされてしまう。百姓たちは侍を見たら殺してしまう。単体で逃げたら殺されちゃうわけです。だから侍たちは徒党を組んで強盗団になっていくことになる。それが野武士だった。だからあれは実は百姓に対する防衛の手段としてやっていくうちに、百姓との戦いが生まれていった。それがもともとの背景なんですけど、これを描いたら映画として面白くなくなるというのが黒澤明の考えです。

町山　それは黒澤明独特の視点で、黒澤明の映画には、犯罪者になる人たちに対する感情移入がほとんどない。彼らにも彼らなりの立場や悲劇があるとは考えようとしない。

春日　たとえば『用心棒』（'61）は二組のやくざ組織をかち合わせて双方ともに滅ぼしていくわけですけど、これには主人公のやり方として汚すぎないかという批判が当時ありました。が、「やくざは滅びて当然だ」という返答を黒澤明はするわけです。

町山　『野良犬』は拳銃を拾った男が殺人をしていく話なんですけど、『野良犬』というタイトルは犯人のことを言ってるんですね。野良犬扱いして、彼らの悲しみとかそういったものを全然拾おうとしない。そういう映画をつくっているうちに、黒澤明が世間の非難を浴びたのが『天国と地獄』（'63）なんですよ。

春日　犯人を、誘拐で罰するだけでは納得いかないということで敢えて泳がせる……。

町山　誘拐犯を捕まえても死刑にできない。

春日　何とか死刑にしたいということで、敢えて人を殺させるように仕向ける。

町山　警察官がですよ。

春日　殺される男は薬物依存症の男だからいいだろうという。その考えもすごいですね。で、刑事は男が人を殺したのを確認した上で「よし、これでお前は死刑だ」と喜んで捕まえる。これを肯定的に描いている。

町山　そこですごく叩かれましたね、公開当時から。

春日　ただ、そういう描き方だからこそ『七人の侍』は面白いと思います。「馬の蹄の音は百姓にとって恐怖だった」と作品冒頭でも語られていますが、やっぱり野武士を完全に恐怖の対象としているからこそ、サスペンスとして盛り上がります。野武士側にドラマができたらサスペンスが生まれないわけですね。つまり村人たちを容赦なく殺して女を奪って犯すという恐ろしい奴らが容赦なく襲ってくる。だからこそ守らなければならない。この図式によって活劇としてもサスペンスとして盛り上がったと思います。

戦争を背負うリアリズム

町山　野武士は鉄砲で襲ってくるんですが、銃声だけが聞こえてきて、鉄砲を撃つ姿は見えない。ジョン・カーペンター[*20]監督の『要塞警察』（'76）のようです。しかも侍の全員が鉄砲で死ぬ。

春日　音だけのほうが恐怖がありますからね。馬の鳴き声とか蹄の音で、来たなという怖

＊20　アメリカの映画監督・脚本家。『ハロウィン』（'78）『遊星からの物体X』（'82）など。

さを出す。そして鉄砲の音は死を意味する。見えないところから飛んでくる音の恐怖。つまりそれは人格じゃないわけですよね。

町山　たぶん現場に戦場体験者がいたんでしょう。ジャングル戦では敵が見えないわけですから。この映画のリアルさは単なる時代劇のそれだけじゃない。たとえば竹槍を農民に持たせて戦闘訓練をするところ。あれは戦国時代じゃない。第二次世界大戦のイメージ。

春日　一般人たちを徴兵して鍛えていくという。

町山　ずっと負け戦ばかりしている勘兵衛の下についていってる七郎次は、勘兵衛が何か言うと敬礼しながら「はっ」と言うんですよ。「それ侍じゃねえよ！　兵隊だろ！」って。

春日　それは敢えてやってるところがあると思います。侍の作法とか行儀ができていくのは江戸時代の平和な時代になってからで、この時代はまだ戦国時代の名残《なごり》がありますから。だとしたら軍人の所作でやったほうがむしろリアルなんじゃないのかなって。

町山　七郎次あたりの戦争体験者のリアリズムは、落ち武者狩りの跡を見て怒るところにもありますね。これは敗戦からわずか九年後の映画ですし。

春日　戦争の生々しさが残っている段階でつくっている映画で、しかも三船敏郎、加東大介など、戦地から戻ってきた人間が出ているし、スタッフもほとんどが戦争経験から戻ってきた人たちがやっているので、そのへんのリアリズムはあったでしょうね。鬱蒼とした森の中で音が聞こえてくるって、町山さんがおっしゃるように、まさにジャングルの怖さですもんね。日本軍が南方戦線において、どこから狙われているかわからない怖さの中で戦っていくという、その生々しさが表現できるのはこの時代ならではだと思います。

町山 「負け戦だった」と言った場合に、その当時の日本人がイメージするのは第二次世界大戦ですよね。九年前の。だから、『七人の侍』は公開当時、政治的に批判されましたね。

春日 評論家からすごく叩かれた。もう一つ大きかったのは一九五二年当時、日本がサンフランシスコ条約で独立したときの代替として日米安保条約を結んだ時、自衛隊をつくるという条件があった。敗戦国の日本が再軍備に向かっていくことへの反発がある中で、この映画が描いているのは再軍備肯定じゃないか、と一部の左翼系批評家は批判しています。

町山 この映画における志村喬はアメリカ軍で、農民たちは自衛隊じゃないかと。

春日 黒澤明は一笑に付しましたが。「そんなこと考えてるわけないだろ」って。

町山 考えてるわけない。

春日 それは細部を見ればわかるわけですよね。戦ってきた人間、戦う虚しさというものを、徹底して描いてますから、イデオロギーだけで映画を批評するくだらなさの象徴だと思います。

町山　『荒野の七人』がアメリカで映画化されたときも、メキシコの村をアメリカのガンマンが守るという話なんですね。それが公開されたときはもうアメリカ軍がベトナムに介入しはじめていたので、だからインドシナとかにおいて農民を守るという目的で米軍がその中に入っていくということを肯定する内容じゃないかと批判されていて。いつもこの『七人の侍』は映画化される度に批判が起きるんです。

春日　タイミングもタイミングですもんね。

町山　黒澤自身が「戦争だ」と言ってるので、『七人の侍』を基にした映画はどうしても政治的論争になるんですよ。『バグズ・ライフ』（'98 ジョン・ラセター、アンドリュー・スタントン監督）を除いてね。

第二章

『宮本武蔵』五部作

――「この空虚、所詮、剣は武器か」

★吉川英治の小説を内田吐夢監督、中村錦之助主演で映画化。『宮本武蔵』『宮本武蔵　般若坂の決斗』『宮本武蔵　二刀流開眼』『宮本武蔵　一乗寺の決斗』『宮本武蔵　巌流島の決斗』の全五作がつくられた。一九七〇年には、内田監督により、武蔵と宍戸梅軒との対決を描く『真剣勝負』も公開。

公一九六一年五月二七日（第一部）、一九六二年一一月一七日（第二部）、一九六三年八月一四日（第三部）、一九六四年一月一日（第四部）、一九六五年七月二四日（第五部）製東映京都配東映時一一〇分（第一部）、一〇七分（第二部）、一〇四分（第三部）、一二八分（第四部）、一二〇分（第五部）監内田吐夢脚成澤昌茂、鈴木尚之（第一部）、内田吐夢、鈴木尚之（第二～五部）原吉川英治企坪井与、辻野公晴、小川貴也（第一部）、辻野公晴、小川貴也、翁長孝雄（第二～四部）、岡田茂、小川三喜雄、翁長孝雄（第五部）製大川博撮坪井誠（第一・二部）、吉田貞次（第三～五部）美鈴木孝俊音伊福部昭（第一部）、小杉太一郎（第二～五部）録野津裕男（第一・二部）、渡部芳丈（第三～五部）照和多田弘（第一～四部）、中山治雄（第五部）編宮本信太郎出中村錦之助（宮本武蔵）／入江若葉（お通）／木村功（本位田又八）／三國連太郎（宗彭沢庵）／江原真二郎（吉岡清十郎）／薄田研二（柳生石舟斉）／高倉健（佐々木小次郎）

トラウマ体験

町山　見る気がないのにテレビをつけると同じ映画がやってることってないですか？
春日　あります、あります。『湯殿山麓呪い村』（'84 池田敏春監督）がそうです。
町山　僕ね、『宮本武蔵』の一作目がそうなんですよ。子どもの頃見てて、記憶が曖昧でどんな映画かわからなくて、ただ宮本武蔵だってことはわかっていて。その後、川崎のぼるの『ムサシ』というマンガが連載されて、一九七五年にテレビシリーズになって田村高廣[*1]が沢庵《たくあん》和尚をやったのが中学くらいのときに放送されて……。でも、記憶にある『宮本武蔵』と違っていた。僕が覚えていたのは、扉の下の隙間から血がどろどろどろって流れてくる印象なんです。それだけ異様に覚えてて。それともう一つは、戦場で傷ついた兵士が後家さんにのしかかられるシーン（笑）。
春日　子どもって物語全体よりシーンで覚えますからね。
町山　で、一九八〇年、高校生のときにテレビ東京が元日に内田吐夢[*2]監督の『宮本武蔵』を一挙放送したんです。それを祖父ちゃんの家で見まして「これだ！　これだ！」と。

＊1　阪東妻三郎を父にもつ。映画『泥の河』（'81）やテレビ時代劇『助け人走る』（'73〜'74）など。五部作には柳生但馬守役で出演。

春日　正月早々にこれ見たんですか。強烈ですね。

町山　正月早々に後家さんがのっかってくる映画を祖父ちゃんと一緒に見たんですけどね。

春日　お茶の間ですよね。

町山　そうそう、雑煮とか食べながら見てましたよ（笑）。

戦後日本映画の集大成

町山　簡単に『宮本武蔵』シリーズについて説明してもらえますか。

春日　これは東映京都撮影所でつくられた五部作です。吉川英治原作の長編小説を五部に分けて映画化しています。このシリーズが珍しいのは、当時のシリーズもの映画というと一本当たると年に三本、四本つくっちゃったりとか、短期間のうちに続けることが多いんですけども、この『宮本武蔵』は最初から五部作でいこうと決まっていました。しかも年に一本ずつ撮るという、当時ではかなり贅沢なつくり方で。東映というのは早く安くつくるというのがモットーの会社なのに、年に一本ずつ五作つくっていくという特別体制。当時人気スターだった中村錦之助[*3]のスケジュールも五年間分確保して、内田吐夢が時間をかけて撮っています。予算も特別で。東映のランク付けでオールスター映画はS級というんですが、その上の特S級という予算がつきました。一九六〇年はいちばん日本の時代劇にお客さんが入ったんですけれども、そのときに企画が決まってますから、ある種、戦後日本映画の時代劇技術を結集させた集大成でもありました。

それだけの意識のあった凄まじい映画で。中村錦之助はアイドルとしてデビューして、『一心太助』シリーズ（'58〜'63 沢島忠監督）で役者に目覚めていますが、この五部作はそこからさらに成長していく様を記録していくという、ドキュメント的な意味があった。そして結果的に、一九六〇年代前半の日本映画をそのまま映し出した五部作になりました。

町山　中村錦之助は、僕らの世代ではテレビ版『子連れ狼』（'73〜'76）の拝一刀《おがみいっとう》で親しまれています。

春日　萬屋《よろずや》錦之介に名前が変わってからですね。

町山　あと深作欣二[*4]監督の『柳生一族の陰謀』（'78）の柳生但馬守《たじまのかみ》役の「ゆんめぇいじゃ、ゆんめでござる」ですね。どっちも非常に陰鬱なキャラクターなんですが、実は錦之助さ

＊2　日本映画創成期からリアリズムを貫いた作品を撮り続けた。『土』（'39）『飢餓海峡』（'64）など。著書に『映画監督五十年』。

＊3　東映時代劇のスター。七二年に萬屋錦之介に改名。第六章も参照。

＊4　『仁義なき戦い』シリーズ（'73〜'76）『蒲田行進曲』（'82）など数多くのヒット作を監督。

んはこの『宮本武蔵』の前はまったく違う俳優さんだったと後から知りました。

春日　一九五四年にデビューするんですけど、その頃はアイドル的な人気者でした。

町山　ブロマイドがあってね。

春日　子どもと女性に人気があって、ブロマイドがすごく売れる。それから当時のアイドル雑誌とかの表紙をずっと飾り続ける。

町山　やんちゃで明るい明朗快活なキャラクターとして最初は出てきた。

春日　貴公子的に出てきたのが、本人も喧嘩早い江戸っ子気質《かたぎ》の人だったので、その魅力を活かして青春映画として五〇年代に『一心太助』シリーズをつくる。これで役者としてすごく評価されていくことになり、同時に内田吐夢監督の『大菩薩峠』（'57）で虚無の地獄に落ちていく主人公・机竜之助＝片岡千恵蔵*5を仇として狙う青年剣士を演じる。これによって内田吐夢監督にも見いだされ、役者として成長していく。アイドルから脱皮して役者となっていく、まさにその時期が一九六〇、六一年くらいでした。

町山　若い頃の中村錦之助は明るく快活。『一心太助』は、魚屋さんで、喧嘩早くて、相手が侍であろうと何だろうと正義のために戦うというキャラクターだった。『大菩薩峠』でもそう。主人公は片岡千恵蔵演じる机竜之助という、老人だろうと子どもだろうと女だろうと何でもかんでも斬り殺しちゃう、女性はレイプしちゃう、まったくモラルのない連続殺人鬼。それに対して「それは間違ってる」と正論を言うのが中村錦之助の役柄なんですよ。そういう少年マンガ的なキャラクターだった。

春日　少年マンガ的キャラクターの原点が中村錦之助と言っても過言ではないくらいです。

町山　その彼が『子連れ狼』の死神のようなキャラクターになってしまった。何があったかというと、この『宮本武蔵』なんです。

春日　これがまさに端境《はざかい》期の作品。

町山　宮本武蔵はわんぱく少年から修羅の道へ落ちていきます。内田吐夢監督作品は全部そうなんですけど。

春日　宮本武蔵は剣豪として有名な人でもありますけど、この映画では内面の地獄とか虚無を描いていったので、決闘シーンに至るまでの斬る側・斬られる側の葛藤だとか、心の地獄というものを徹底して掘り下げています。当時は映画界が斜陽期で時代劇が当たらなくなっていたんですけど、これは一作目、二作目、三作目とも大ヒットしています。

町山　その年の興行成績ベストスリーに入ってるくらい。

＊5　伊丹万作、稲垣浩監督作品などの時代劇で一躍人気に。戦後は東映で活躍。『赤西蠣太』（'36）『多羅尾伴内』シリーズ（'56～'60）など。

春日　四作目、五作目は入らなかったんですけど、これは後で話します。

内田吐夢流の逆説的キャスティング術

町山　ただ、ヒロインがちょっとね。

春日　新人を起用したんです。お通《つう》という、片思いみたいな感じでずっと武蔵を追いかける役に。でも宮本武蔵は剣の道に生きるからということで、お通の誘惑を断っていく。そういう二人のメロドラマでもあります。

町山　それを演じる入江若葉[*6]さんが初期の『宮本武蔵』の頃、すごく下手なんです。「うわ、大根!」みたいな。

春日　すごく重要なヒロイン役なんですよ。しかも東映としては社運を賭けたような大きな構えの作品のヒロイン。そこに内田吐夢は敢えて新人の彼女を抜擢したんですよね。

町山　ド素人なんですよ。台詞がもう……。

春日　でも上手い人がやっちゃうと、かえって合わない。お通っておかしな人ですから。

町山　ひたすら武蔵を追いかけ続けてね。

春日　それもまだ戦国時代の名残《なごり》がある治安の悪い世間に一人で出て行ってしまう。ある種の天然の女の子なので、世間擦れしてない女の子と見せたほうがいいんだろうなという判断はあったと思います。それで、敢えて何にも染まってない女優を使って存在を浮かせたと思うんですよ。

町山　一年間奉公しながら橋のところで待ち続けるじゃないですか。どうかしてる。

春日　ああいうどうかしてることを平気でやる役を演じるわけですから、普通に上手く演じちゃうと「どうかしてる」部分がかえって際立つんですよ。「こいつ本当にどうかしてるんじゃないか」と思える演技の女優が演じることで、役柄の「どうかしてる」感を弱めるというか。内田吐夢監督ってキャスティングにものすごくこだわった人なので、そういうところまで考えていたと思いますよ。

町山　そう言ってくれて救われましたよ（笑）。

春日　何度か見ていくうちに実はアリな気がしてきました。

町山　そして三國連太郎。[*7]沢庵和尚、武蔵の心の師匠ですね。

春日　人間的な師匠。内田吐夢監督は意外性のあるキャスティングをするのがとにかく好

＊6　母・入江たか子を見出した内田吐夢監督により本作でデビュー。『転校生』（'82）など。

＊7　個性派俳優として活躍。『ビルマの竪琴』（'56）『飢餓海峡』（'65）『釣りバカ日誌』シリーズ（'88〜'09）など。著書に『生きざま死にざま』。

きで、「この役柄だったらこの役者が合うだろうな」という組み合わせを避けて、「この役にこいつは合わないだろうな」という役者を敢えてぶつけさせて、その異化効果を狙いながら、気がついたら今までのイメージより彫りの深いキャラクター像をつくっていく。敢えてミスキャストをして新しいマッチングをしていく監督で、まさに三國連太郎はその典型です。

町山　原作を読まれた方はわかると思うんですけど、沢庵和尚は飄々とした人で、『スター・ウォーズ』（'77～ジョージ・ルーカス監督他）におけるヨーダなんですよ。

春日　仙人的ですね。

町山　武蔵が何を言ってもハッハッハと笑ってるような人なんですけど。ところが三國連太郎という俳優はそうじゃないですね。

春日　ギラギラギトギト、男性ホルモンの塊、歩く男性ホルモンみたいで。

町山　三國連太郎自身が言ってますけどスケベなんですよ。

春日　このときまだ四〇歳そこそこなので、年齢的にも沢庵和尚からすると現役感がつよすぎます。男としても最盛期の三國が人生悟りきって抜けた男を演じるわけですから。

町山　枯れた人がやる役なんですね。笠智衆《りゅうちしゅう》*8さんみたいな。

春日　でも敢えてここにギトギトの人を持ってきたことで、錦之助の武蔵と本気で対峙してる感じが出た。

町山　宿敵みたいな感じ。

春日　あと清濁併せもってる感じ。

町山　濁ばっかりのような（笑）。

春日　たしかに濁感が強いですね。

町山　三國さんは女性関係のスキャンダルが派手でしたね。ただ、本人曰く、チンコは小さいそうです（笑）。

春日　三國連太郎はサディスティックな芝居が上手い。女をニヤニヤ見つめてたり、人間が追いつめられてるのを楽しむような。この一作目でも印象的な場面があります。千年杉に武蔵が吊るされて諭されるという有名なシーンがあるんですけど、他の作品の沢庵はもっとちゃんと諭すんですけど、三國の沢庵はニヤニヤしながら諭してるんですよ。苦しんでる武蔵を追いつめてどこか喜んでる感じで、そのために、武蔵の前に立ちはだかる大きな壁という雰囲気が出てくる。だから師匠というよりは大きな壁、戦うべき相手として沢庵和尚を対峙させせてる。困難の一つなんですね。最初に現れる大敵。

＊8　三〇代から老け役を演じ、『晩春』（'49）『東京物語』（'53）など小津安二郎監督に重用される。

町山　第一作は武蔵にとっての通過儀礼の話なんですね。

春日　沢庵和尚ということは全部抜けてる仙人みたいに枯れてないといけないのに、三國は無精髭生やして眉毛もすごい生やしてるから男性ホルモン感がすごい。内田吐夢監督は計算してメイクさせてるわけですから、「現役の男」であるという意識を映像的に表現しているわけです。それで武蔵とは「師匠と弟子」というより「男と男」として対決させているわけです。武蔵の男としての敗北感を映像で伝えるための三國連太郎というキャスティングだった。武蔵を諭して成長させるんじゃなくて、敗北感によって成長させる沢庵。

後家のエロス

町山　宮本武蔵は負けず嫌いのやんちゃなただの荒くれ小僧なんですが、最初は死体の山から始まるんですよ。

春日　関ヶ原の戦いの敗北。

町山　武蔵は貧乏侍の息子だけど、戦果を挙げれば侍として取り立てられると思って、徳川側につくか豊臣側につくか考えて豊臣側についた。ところが負け戦。死屍累々たるところを血と泥にまみれて這いつくばってる状態で武蔵が登場する。

春日　どんなことをしてでもこの地獄から這い出してやる、生き抜いてやると。だから最初に地獄から始まって、どうやってこの人は抜け出していくかという苦悶の物語なんです。

町山　武蔵は幼なじみの又八を戦場に無理やり連れて行った。又八は木村功[*9]が演じていま
す。

春日　異化効果を狙うという意味では、この木村功というキャスティングも意外性が強かった。木村功は黒澤明の『野良犬』（'49）の犯人役、『七人の侍』（'54）の若侍、山本薩夫の『真空地帯』（'52）におけるリンチに遭う軍人、家城巳代治《いえきみよじ》の『雲ながるる果てに』（'53）の苦悶する特攻隊員。基本的に「悩めるインテリ」をずっと体現してきた人ですから。

町山　いかにも気の弱そうな。

春日　生真面目で悩める役を得意としてきた木村功も、ここでは逆に使っています。ものすごくいいかげんで気弱で、そのかわり利己的で、これまでの木村功のイメージを逆転させる配役で来た。武蔵と又八は同じ地点から始まったんですが、力によって生き抜こうとする武蔵に対して、又八は力も度胸もないから何とか知恵で生き抜けないかなと頑張っていく。でもヘタレでうまくいかない。これをただの気弱なヘタレでなく、「頑張っても上手くいかない人間」としてリアルに見せているのは、木村功を配役したことで又八の苦悩

＊9　青俳出身。黒澤組の常連。独立プロの作品にも多く出演。

が上手く表現されたというのが大きい。陽性の芝居をする序盤の錦之助とまさに「光と影」的な関係性で。

町山　対照的ですよね。で、武蔵と又八は負け戦で傷だらけでドロドロになってるところを後家さんに助けられる。演じるのが木暮実千代。[*10]

春日　この後家さんがエロい。

町山　あごのホクロが妙にエロい。最初、武蔵に迫りますが、拒否され、後家さんは又八のところに行く。又八が戦場で怪我した傷口を彼女がチュウチュウと吸うんですよ。そのうちに吸ってるほうも吸われてるほうもだんだん欲情してきてセックスに至る。強烈なシーンでした。

春日　ただでさえ幽玄な色気を放ってるあの頃の木暮実千代をあの後家さん役にもってくるというのが、内田吐夢監督のいやらしいというか憎いところです。

町山　このシーンのリアリティはどこから来てるんだろうと思ってたんですが、内田吐夢監督の自伝『映画監督五十年』に、こんなことが書いてあるんですよ。敗戦後に満洲を逃げているときに、開拓民で来た女性の一人が夫を失って子どもを抱えていて、「何か食べる物はありませんか」と言われたので食べ物を与えた、と。その体験について違うことが書いてあるのが、『宮本武蔵』の脚本を書いた鈴木尚之《なおゆき》[*11]の『私説　内田吐夢伝』。内田監督は彼に「本当はそのときに未亡人が来て乳房を押しつけてきた」と話したそうです。それで内田吐夢監督は、「戦争の悲劇だ」と言いながらも、未亡人から「うちの子に何か食べさせてやってください」と言われてるうちに、とりあえずセックスしたと。

内田吐夢の戦争体験

町山 だから『宮本武蔵』のあのシーンは内田監督の実際の体験だったんですね。

春日 関ヶ原から始まっていることも含め、このシリーズは内田吐夢監督の心象風景でもあるんですよね。ここでの宮本武蔵の物語は敗戦から始まっている。

町山 内田監督の戦争体験についてちょっと説明しましょうか。

春日 内田監督は戦前は日活という映画会社で比較的反体制的な社会的な現代劇を撮ってきた監督でした。

町山 いわゆる傾向映画ですね。左翼的傾向の略。労働者の立場であるとか、当時の日本がファシズムに突き進んでいくことへの疑念であるとか、たとえば侍の滅私奉公を批判す

＊10 戦前・戦中は松竹の幹部女優。戦後は『青い山脈』（'49）『お茶漬の味』（'52）などに出演。
＊11 本作が脚本デビュー作。『武士道残酷物語』（'63）『飢餓海峡』（'65）など。

るとか、敵討ちとか切腹とかを批判するという形で、国民総動員で戦争に突き進む日本を暗に批判する映画が、映画人たちのささやかな抵抗としてつくられていた。

春日　ただ、結局はお金をかけすぎたのもあって、日活から批判されて映画をつくれなくなってしまう。そこで当時日本が植民地化しようとしていた満洲に向かう。満洲にいる、日本からの入植民や満洲のもともとの人たちに向けてプロパガンダをしていくための映画会社が必要だということで、満洲映画株式会社ができるのですが、ここに日本の映画人たちを連れて行くということで募集がかかり、内田監督は行くわけです。

町山　日本は軍国主義が強化されて、言論や映画も厳しく統制されて自由な映画が撮れなくなった。ところが満洲には満映がある。満映は、日本の傀儡《かいらい》国家である満洲を中国人に対して正当化するためのプロパガンダ映画の会社で、日本の完全な国策映画会社なんですが、皮肉にも、五族協和という建前を賛美して、中国人と日本人の融和を描く、いわばリベラルでヒューマンな映画をつくるわけですよ。そこに内田監督は映画が撮れれば何でもいいやといって入っちゃう。それまで左翼で、ファシズムや戦争を批判していたが、映画が撮れるんだったら国策だろうと何だろうとかまわないと、魂を売って満映に飛び込んだんですよ。

春日　ところが最終的には敗戦によりソ連と中国によって侵攻され、中国に抑留されてしまうわけですね。そして帰国できるまでに一〇年近く時間を要したんです。

町山　中国大陸を放浪したんですね。

春日　それがあるので、敗戦感情であったり人間不信というものをものすごく強くして帰ってくる。だから、帰ってきてから彼はひたすら絶望との戦い、あるいは自分の贖罪も含めて……諸々敗戦を引きずって、敗戦を原風景とした映画をつくっていくことになります。

町山　日本に戻った内田監督は東映に入るんですけど、そこにも満映の人たちが……。

春日　基本的に東映という映画会社は、満映の人たちが帰ってきたときの受け皿としてつくられた会社なので、スタッフたちの多くと内田吐夢監督は戦友みたいな関係性でした。

帰国第一作『血槍富士』

町山　満映負け組である内田吐夢が戦後最初につくったのが『血槍《ちやり》富士』（'55）という時代劇で、これがすごく不思議な映画でね、前半はコメディなんですよ。片岡千恵蔵さん演じる気のいい槍持ちの男がいまして。槍持ちというのは侍じゃないんですね。

春日　家についている召使いですね。だから名字帯刀がない。

町山　召使いは侍が旅をするときとかに槍を持ってついて歩くんですよ。形としてはガードマンなんですけど、実際は江戸時代は泰平の世の中なので、形だけなんですね。

春日　この殿様は武士ですよということを見せるため。

町山　目印でしかないんですよ、その長い槍は。だから主人公はその槍を使ったこともない。で、旅をするんですけど、この旅がすごくいい旅なんだ。

春日　人情物なんです。長屋の話が泣かせるんですよ。

町山　主人は侍の家に生まれてきたから威張ってられるけど、それは間違ってるという考えの持ち主で、たまたまいいところに生まれてきたからいい暮らしをしてるけども、私にはそんな価値はないと言う。

春日　けっこうリベラルな男なんですよ。

町山　貧しい庶民とも普通に接したいと言って、いろんな人たちのつらさや喜びを聞いてまわっていく。ああ、いい話だなあと思って見てると、こんな疑問がわいてくる。……なんでタイトルが『血槍富士』なんだろ？　こんなほのぼのとした話なのに？

春日　血という文字が不穏さを掻き立てますからね。

町山　音楽も軽く明るいジャズなんですよ。

春日　だから最初は明るい人情物かなと思うんですよね。

町山　一人の浮浪児が主人公に憧れて、その子と主人公の友情が芽生えていって……いろいろ笑えるところがあって。ところが最後に、あまりにもご主人が庶民と仲良くしてるからといって、他の侍が「何だ、お前。身分というものがあるだろう」って因縁をつけてくる。酔っぱらってて、六人くらいで寄ってたかってご主人を殺しちゃう。そこに主人公の槍持ちが駆けつけていって、主人の仇と大乱闘して皆殺しにするんです。

春日　このシーンが壮絶で。

町山　場所が造り酒屋さんがやってる居酒屋で。

春日　大きな樽がたくさんあるんですよ。

町山　日本酒が詰まってるんですね。

春日　それが決闘で破れて地面がどんどんぬかるんでいって、足元ぐちゃぐちゃで相手を殺していく。

町山　しかも足元が酒びたしで、気化したアルコールを吸い込んで敵も主人公も完全な酩酊状態で殺し合うんですよ。そこはすごいですよね。

春日　本当に生の殺し合いをやってる感じで、立ち回りの型でやってない。

町山　これは決定的に殺陣《たて》が違うんですよね。ドロドロの殺し合い。

春日　戦うということに関して、決してかっこよく描きたくないという内田吐夢監督の想いといいますか、戦うということに対してトラウマや否定したい気持ちが『血槍富士』に出てますよね。かっこ悪いけど激しい殺陣をやることで、戦うことの残酷さを徹底して見せていこうというのが伝わります。

町山　生々しいですね。しかも、大殺戮があった後にかかる音楽が『海行《ゆ》かば』。戦争に行って死んでいく兵士たちの歌です。

春日　殺し合うことの残酷さを見せておいて、『海行かば』をかけることで、これは時代劇ではなく戦争だというふうに見る側の気持ちを現代に引き戻す。

町山　これは現代の話なんだと。

春日　当時は五五年体制ができてきて、経済成長もあって、「戦後」から次の時代に変わりつつありました。そこに内田吐夢が戻ってきて、「戦後」はまだ終わってねえよ、と突きつけてくる。

町山　彼は戦後の復興期に大陸で死にそうな目に遭ってたから。

春日　戦争のことを忘れるなと力ずくで戻していくのがこのラスト二〇分なんですよね。

町山　ここから東映で内田監督は映画をつくっていくんですけど、ほとんどがそういう作品になっていって、『宮本武蔵』に繋《つな》がっていく。

戦後トラウマからの脱却

春日　戦後の内田作品の主人公たちは無明《むみょう》の闇をさまよっていきます。『宮本武蔵』もそうなんですけど、敗戦から始まって、その絶望感の中で、どうやって自分は人間として立ち上がっていけばいいんだろうかということを葛藤しながら選択をしていく。そこで宮本武蔵が採ったのが剣という暴力。これは『仁義なき戦い』（'73 深作欣二監督）に通じるのかもしれないけど、戦争という大きな暴力で徹底した敗戦感を味わい、次の時代をどう生き抜いていくかという中で選択したのは、またさらなる暴力。暴力でしか生きていけない人間が最終的に辿り着くのが、暴力では何も得られないという虚無。そこまで行き着く話なんです。

町山　まず一作目で武蔵は精神的に三國連太郎／沢庵和尚に負けて姫路城の天守閣に幽閉される。黒い染みがいっぱい壁についてるんですけど、それが血だと言われる。そこのシーンがトラウマなんですよ。壁とか柱に染みてる血が床からじわーっと滲《にじ》み出してくるんです。

春日　またそのホラー感を出すのに三國連太郎の顔がピッタリで。

町山　三國連太郎の顔はホラーだよ。

春日　人の良さそうなおじいさんだったらこの怖さはそこまで立ってこないと思うんですけど、三國連太郎ならこんな怖い空間つくりそうなリアリティがある。恐怖ということを宮本武蔵に植えつける瞬間ですよ。

町山　そこで宮本武蔵は悟りを開いたみたいに、「今日までの己の勇気とは言えない。武士《もののふ》の強さとはそんなものではない。こわいもののおそろしさをよく知り、命を惜しみ、いたわらなければならない」とか言って第一作は終わるわけですけど、ちょっと何言ってるのかわからない（笑）。

春日　暴力によって圧倒的に負けて、次にどうするかというときに、俺には剣しかない、と。結局は暴力。敗戦というショックがある中で自分自身を立ち上げるには、もう一回暴力を手に入れて、敗北感を払拭するしかないんじゃないか——という。

一九六二年の時代劇革命

町山　次が第二部『宮本武蔵　般若坂《はんにやざか》の決斗《けっとう》』。公開された六二年は日本映画の時代劇史にとって大変な年です。

春日　革命が起きた時なんです。一九五〇年代は時代劇でものすごく多くの作品がヒットして黄金期と言われてるんですけど、基本的にこの時期につくられた時代劇の多くは勧善懲悪のヒーローものが多い。それで様式的な殺陣をやってきました。それが六一年に公開された黒澤明『用心棒』と翌六二年正月に公開された『椿三十郎』によってがらっと変わる。リアルでスタイリッシュな立ち回り、つまり斬る重み、斬られる痛みというのを伝えつつ、それがアクションとしても面白いという立ち回りを創造したのが『用心棒』で、『椿三十郎』でさらにそれを展開させていきます。特にラストシーン、三船敏郎と仲代達矢の一騎打ちで三船敏郎が仲代達矢を斬ったときに血がブワーと噴き出す。それによって今までの様式としてやってきた立ち回りが色褪《いろあ》せてしまったんですね。ここまで刺激と迫力があるものを見せられたら、客としては刺激が欲しくなる。

町山　つまりもっと血を見せろと。

春日　時代劇の立ち回りの演出にお客さんが求めるものが、それまでは華麗な美しさだったのが、迫力のある刺激に変わるわけです。それによってそれまで東映がつくってきた時代劇が全否定されるわけです。

町山　昔の東映の時代劇って本当に「チャンバラ」で、斬られると「うっ」とか言ってポーズ決めて倒れるんですけど、もう、そんなのじゃ「余裕あるじゃねえか」って言われちゃう。

春日　血の一滴も出さずに痛みが伝わらなかったんですけど、それが変わってくる。

町山　『宮本武蔵』の一作目の後に『椿三十郎』が公開されて、『宮本武蔵』の二作目はその後に撮影してる。だからものすごく影響を受けてるんです。

春日　一九六二年は他にも『切腹』（小林正樹監督）『座頭市物語』（三隅《みすみ》研次監督）『忍びの

者』（山本薩夫監督）があって、リアルな迫力のある時代劇がどんどんつくられていく。六三年はテレビの『三匹の侍』でフジテレビにいた五社英雄が刀の合わさる効果音を初めて入れました。本当に時代劇に革命が起きた時期だったわけです。それで、『宮本武蔵』の何がすごいかって、年に一本ずつつくってるので、そのときごとの映画状況が反映されて実は一作ごとにつくり方が変わっている。

町山　タッチが全然違うんです。

春日　そのときの映画の潮流がそのまま入ってくる。そしてこの『宮本武蔵　般若坂の決斗』はラストで三者入り乱れての凄まじい大決戦が行われます。

内田吐夢の「爆弾理論」

春日　内田組にいたスタッフの方たちに聞くと、内田吐夢監督は映画の中には必ず一カ所、物語が爆発するところを入れているといいます。つまり、アッと驚くような大仕掛けです。理性を超えて、お客さんはその爆発を喜ぶだろうという考え方がある。この第二部では何かというと、般若坂で展開される宝蔵院という坊さんの槍の軍団と無法者の浪人たち、それから宮本武蔵の三つ巴の戦い。ここで爆発をさせようと考えるわけです。そのサプライズを効果的にするために、そこまでは徹底して抑制した演出をしています。この回は原作通りだと、ものすごくたくさんの決闘が続いていく話なんですよ。ところがこの第二部はクライマックスまで一回も宮本武蔵は剣を抜いてない。たとえば序盤で京都の名門の吉岡道場を武蔵が襲うシーンがあるんですけど、襲った後しか映してない。戦ってるシーンを映してないんです。

町山 丸ごとないですね。

春日 つまりここで吉岡一門との決闘を描いてしまうと、最後が爆発しないからです。やられた吉岡の道場生たちだけを映すことにしたりとか。宝蔵院との戦いもそんなに長くやらないでさっと終わらせる。

町山 でも最初の道場破りのところって、木刀一撃で相手を即死させるんですよ。

春日 他の作品で見ると、あそこの場面は長くやってるんですよね。一話使ったりするくらい。ですから、かなりさらっと終わってるんですよ。

町山 道場破りなので木刀で試合するんだけど、瀕死の相手が他の門弟のところに運ばれてくる。宮本武蔵の強さにゾッとする。

春日 そこから先、宝蔵院との決闘があった後、般若坂までひたすらほのぼのとしたホームドラマみたいな描写が続いていきます。これは絶対、爆発に向けて一旦テンションを下げさせてるんですよね。それで最後でズドンとこさせる。一個一個の決闘シーンをきちんとやってると観客が飽きる恐れがあるので。

町山　刺激に慣れてきちゃう。

春日　だから緩急をつける。しかも「緩」を長くして退屈なくらいにさせておいて、最後の最後で「急」にもってくる。しかも、この「急」がまたとんでもない「急」でして。

町山　『椿三十郎』の最後の対決は、ずっと見つめ合っていてバッと斬って血がビューという殺陣でしたが、宝蔵院との戦いは宮本武蔵に対して浪人衆たちが大人数で襲いかかってくる。それを武蔵がバッと斬ると、ワンカットでもってバッと斬れて血がドバッと出る。

春日　つまり、『椿三十郎』の殺陣プラス「動き」があるわけですね。

町山　そう、走りながら斬っている。血しぶきだけじゃなく、着物が裂けているように見えるから、本当に斬ってる感じがする。その次のシーンがすごくて、横一文字に斬ると敵の首がブシューーッと飛ぶ。『エクスタミネーター』（'80 ジェームズ・グリッケンハウス監督）かと思いましたね。わかる人しかわからないけど（笑）。

春日　この時期、ジャンルとして「残酷時代劇」というのができていました。どうやって残酷な描写をやっていくかをつくり手たちは考えるようになって、腕が飛ぶ、足が飛ぶ、目に槍が刺さる、そういうのをいろんな時代劇でやっています。そこがそのまま反映されて『宮本武蔵』は一作目と二作目で全然演出のスタイルが変わってしまった。

町山　この地獄の斬りあいに目撃者として子どもを入れてる。内田監督は子どもを使うんですね。

春日　上手いんですよ、使い方が。

町山　ひどいものを子どもに見せる。

春日　子どもを入れることによって、決闘を肯定的に描かないというメッセージになるわけです。子どもの目から見ると残酷なものだ、やってはいけないことなんだよ、ということになるので。これを見て「かっこいい」「いいな」と思わせないようにするというのが基本的には内田吐夢の発想にはある。やっぱり反戦から入ってますから。戦争の悲劇を繰り返してはならないというのがある。

町山　宝蔵院の僧たちは、「あのならず者たちを綺麗に掃除するためだよ」と言う。これに対して武蔵が怒るんですけど、そこに戦争で利用された者としての内田監督の言い分が入ってる。宝蔵院の僧たちは嫌な感じに描かれているのが面白い。

春日　原作のほうでは宝蔵院は聖人とまではいきませんが、人生の達人として描いてますからね。

町山　それが宮本武蔵たちを利用する奴らになっている。ここが内田タッチ。

春日　よく見ると軍隊の将校たちの雰囲気を出しています。

吉岡一門の悲劇

町山　第三部が『宮本武蔵　二刀流開眼』（'63）。

春日　何がすごいかというと、タイトル通りに宮本武蔵が二刀流に開眼する話だと思いきや、主人公が宮本武蔵ではないという。第二部で剣に目覚めて圧倒的に強くなった宮本武蔵に対して、おそらく内田吐夢は興味を失ったのではないかというか、第四部で本当にやりたいことがあるから、第三部はそこに至るまでの人間模様を群像劇として描いています。特に印象深いのは又八と吉岡清十郎の二人です。中でも吉岡清十郎は京都の名門の若き御曹司なんですが、それを江原真二郎[*12]が演じていて、いいんです。

町山　江原真二郎さんという人は本当にひ弱そうなんですよ。おとなしくて育ちのよさそうな。ライオン歯磨きのコマーシャルに家族でずっと出てた、いいお父さんの役が多かった人。

春日　二時間ドラマだと嫌な犯人役とか多かったですが。何しろこの人はおどおどした雰囲気が上手くて、堂々と構えてるんだけど内心は脅えている清十郎にピッタリ。

町山　清十郎は吉岡一門という剣の道の名門の御曹司だけど、自分が弱いと知ってるんですよ。

春日　そして、武蔵が自分をつけ狙ってることも知っている。そこでどうするかというと……酒と女に逃げる。ひたすら遊び暮らしていくわけです。できれば武蔵が俺をやり過ごしてくれればいいなくらいのことを内心思ってるんですけど、武蔵からの果たし状が送られてくる。送られてきたときの脅えた顔がね、上手いんですよね。またこれが怖いのが、彼が女に溺れて脅える間、宮本武蔵が一回も画面に映ってないんですよ。武蔵が迫ってくるという怖さを受けのほうで表現する。完全に清十郎目線の作品です。

町山　で、その清十郎は丘さとみ[*13]の演じる朱実《あけみ》に入れ込んでいる。

春日　あの、丘さとみいいですよ。

町山　可愛いんですよ。入江若葉は綺麗系だけど、丘さとみはアイドル系です。

春日　実質的なこの作品のヒロインと言っていいかもしれないですね。

町山　ちょっとロリってる。そんな彼女に執拗に迫るのが清十郎なんですよ。

春日　自分の中にある怯えとか心の闇を、この女をものにすることで晴らそうという。

町山　その清十郎を吉岡一門は何とか武蔵に勝たせようとするんですよ。

春日　嫌だ嫌だと言ってる中で、でも頭領としては大きく見せないといけない。それで弱

＊12　東映で現代劇から時代劇まで幅広く活躍。
＊13　東映時代劇で活躍、〝東映城のお姫さま〟と呼ばれる。

いほうへ行くわけです。女をものにできるかどうかに血道を上げることで強さを認識する。

柳生一門の描き方

春日 一方で平幹二朗[*14]の演じる弟の吉岡伝七郎は逆に剣の道に生きて、自分が強いと思い込んでいる傲慢な男。兄がだらしないのに対して怒りを感じ、自分は新陰流を求めて柳生の里に行くわけです。

町山 柳生の里の描き方はＳＦみたいな不思議な空間ですね。

春日 亜空間がそこにあって、剣術のためだけに純粋培養された恐ろしいモンスターたちがいるという。

町山 謎の国みたいな設定になってて面白い。

春日 また柳生石舟斉《せきしゆうさい》を演じているのが薄田《すすきだ》研二[*15]ですからね。画像検索していただければと思うんですけど、顔がね、常人の顔をしてないんですよね。剣のモンスターというか。

町山 特殊メイク系の人です。

春日 怖くていかつい顔をしてるんですよ。

町山 実は彼がいちばん超人的な男なんですよ。

春日 この作品のなかで最も強い柳生新陰流の総帥で柳生石舟斉という男。皆がこの男の名声と強さを求めて集まってくる。

町山　武蔵は彼を暗殺しようとするんですけども、結局は逃げちゃうんですね。

春日　武蔵ですら手も足も出ない。どうやってもこの人には勝てない。でも石舟斉は石舟斉で武蔵が自分のメッセージに気づいてくれたと喜ぶ。

町山　あそこ、すごいですね。石舟斉は芍薬の一輪挿しの茎を斬って武蔵に届ける。その切り口で、武蔵なら腕のすごい奴の切り口だということがわかるはずだと。

春日　吉岡伝七郎は同じメッセージを受けても気づかない。それによって剣士としてこの二人には差ができているということを表現している。

町山　格が違うことがわかる。

春日　そういう人間模様や葛藤を第三部はひたすら描いています。

＊14　俳優座出身。テレビ時代劇『三匹の侍』（'63〜'69）で人気俳優に。舞台俳優として名高い。

＊15　新劇運動の中心的指導者。『赤穂城』（'52）で吉良上野介を演じてからは東映時代劇には欠かせない悪役となった。著書に『暗転』。

高倉健＝佐々木小次郎登場！

春日　武蔵のライバル・佐々木小次郎がこの第三部で出てきます。

町山　佐々木小次郎が高倉健[*16]なんですよ……。

春日　これも、「敢えてミスキャストをしていく」という内田吐夢監督のやり方なわけです。これが成功する場合としない場合が、実験的にやるからどうしても出てくると……。で、この高倉健はというと……。

町山　これはかなりつらいですよ……。

春日　生真面目に見えるんですよね、健さんが。演技が硬い。

町山　硬い。佐々木小次郎ってアニメなら薔薇の花をくわえて「美しくないな」みたいなことを言う貴公子キャラとして脚本も書かれてる。

春日　（声優の）塩沢兼人《かねと》さんの声が合う感じ。

町山　そう！　塩沢兼人さんのキャラなんですよ。

春日　役としては高慢で、徹底してずっと、ありとあらゆる人間を見下している。

町山　それが全く高倉健さんと合ってない。

春日　あの野太い声と角張った顔で言われると、親父ギャグに聞こえてきてしまう。

町山　あとファッションが……佐々木小次郎のファッションって桃太郎なんですよ。

春日　羽織姿で髪を長く伸ばして。

町山　前髪も垂らしてて。

春日　そこに長い刀を差して。これが……高倉健と似合わない。

町山　チンドン屋さんみたいなんですよ。

春日　ああいうファッションって、なよっとした格好の人が似合うんですよ。健さんはガタイが凄まじい人で、日本最初の肉体派スターと言ってもいい人ですから、まあ合わない。

町山　顔も怖いしね。もっと線の細い美形だったら切れ味のいい剃刀《かみそり》みたいになったのに。

春日　でも内田吐夢監督はそのイメージをいつも敢えて壊したいと思ってキャスティングしてるので……。

町山　ギャンブラーですね。

春日　このシリーズが難しいのは、佐々木小次郎という最大のライバルが高倉健ではまりきってない。それがなんとなくこの後半にシリーズがバシッと決まりきらなかったところですね。

町山　小次郎は皮肉なことばっかり言うんですが、真面目な高倉健には皮肉が似合わない。

＊16　東映任俠映画でスターに。『網走番外地』シリーズ（'65～'72）『幸福の黄色いハンカチ』（'77）など。

ちなみに、本作出演時の高倉健のキャリアは？

春日　年齢でいうと、ちょうど三二、三歳くらい。一九六四年当時の高倉健はスターとしてちょうど脱皮しかかってる時期です。一九六二年くらいまでは美空ひばりの相手役とかで爽やかな役をやってたんですよ。六三年くらいからちょっとずつ変わってきて、『ならず者』『いれずみ突撃隊』（'64）といった石井輝男監督と組んで暴力的なやくざの役とかをやるようになった。そして一九六四年に『日本俠客伝』（マキノ雅弘監督）をやってやくざ映画のスターになっていく。

町山　その前にモダンなギャングの役もやってました。

春日　それが一九六一年頃ですね。この六三年はそういうギャング映画やサラリーマンの役をやっていた六〇年前後からやくざ映画をやっていく六四年の、ちょうど過渡期。

町山　いろいろと試行錯誤していた時期ですね。

春日　面白いのは、『日本俠客伝』は最初は錦之助主役だったのが、錦之助がスケジュールの都合でやれなくて健さんを主役にしたら、健さんがそれによってスターになってしまったことです。だから六五年の第五部『巌流島の決斗』ではもう健さんはスターなんですよね。二大スター共演の形なんです。六三、六四年の第三部、第四部のときは高倉健はまだ脇役だったのが、第五部になるとポスターで高倉健と錦之助が同じ大きさで映ってます。

健さんと錦之助、東映の中のスターのバランスが変わっていくのがちょうど第三部、第四部、第五部の流れだったんですね。そういう時期だと思ってもらえると。

卑怯者・武蔵

春日　第三部の最後は江原真二郎がもっていきますね。ラストシーンも江原真二郎の吉岡清十郎で終わる。武蔵じゃないんですよ。
町山　それがまたすごいシーンなんですよね。
春日　最終的に武蔵との一騎打ちになるんですけど、斬られて、戸板に乗せられたまま町中を行くことになるので、それだけはできないと言ってみずから歩いて帰ろうとする。
町山　あの腕を切断するところもすごくて、痛みと血の量がリアルなんですよね。
春日　また江原さんが本当に痛そうな顔をしてるから。
町山　止血するのも生々しいんですけど。あれも戦場だと当たり前なんでしょうね。
春日　その痛みを抱えつつ、でも俺は戸板に乗らない、と。今まで酒に溺れてきた男が、名門の御曹司のプライドを唯一見せた場面。負けて初めて……というところがかっこいい。
町山　この時も武蔵は一撃離脱。腕をズバッと斬って、さっと逃げる。ほとんどただの卑怯者。

春日 剣豪としてかっこよく勝つって、この映画には一回もないです。

町山 勝つためなら体裁は気にしない。

モノクロの決闘シーン

町山 第四部『一乗寺の決斗』(’64)。これが『宮本武蔵』シリーズの最高傑作。

春日 時代劇史の中でも五本の指に入ると言っても過言ではないです。

町山 これ僕、お正月におせち料理食べながら見てましたけどね。

春日 意外とそれくらいアバウトな気分で見たほうがいいかもしれないです。ちゃんと見ると重すぎますから。この映画はまさに「爆発」ですよ。決闘シーンは爆発なので、徹底してこだわり抜かれています。

町山 二〇分間の七三対一の決闘シーンだけモノクロですが、これはどういう意図で？

春日 まず早朝の空気感を出すためですね。カラーにしちゃうと、当時のフィルムの発色だとどうしても朝の感じが出ないんですよね。色の出方が極端なので嘘っぽい色合いになっちゃう。モノクロにすることで朝の澄んだ凍てつくような空気を出せる。それが一つと、もう一つは何と言っても殺伐とした雰囲気ですね。ドキュメントに近い感じに映りますから。

町山　確かにドキュメンタリー・タッチなんですよね。手持ちカメラだしね。そのせいで、戦場記録映画みたいに見える。狙ってやってると思いますけど。それにしても、凄まじい戦いですね。吉岡一門はがむしゃらなんですよ。鉄砲の狙撃隊まで用意してるくらいで。前作で吉岡一門の当主清十郎は武蔵に腕を斬られ、その弟も今回、武蔵に殺されて、残るは山形勲[*17]扮する長老の息子、源次郎しかいなくて、まだ一二歳なんですよ。でも吉岡一門を再興させなきゃいけないから、その子を総大将にして武蔵に挑むんですね。源次郎の周りを吉岡一門の七〇人で固めて、恥も外聞もない人海戦術で宮本武蔵を迎え撃つ。原作はたしか四〇人ですが、倍近くに増やしてますよ。

春日　内田吐夢監督は爆発をつくるためにハッタリかましてきてるんですよ。映画はハッタリだというのが内田吐夢監督は基本にありますからね。

町山　戦闘シーンの人数も倍。

春日　ちゃんと陣形組んで待ち構えてるわけですよ。決闘だと言いながら。

町山　戦争の準備してるんです。

春日　まさにこのシーンは戦争映画として描かれているわけですね。

＊17　東映時代劇から現代劇まで、悪役や大物役を重厚に演じた。

町山　これに対して宮本武蔵がやることがまたひどい。
春日　吉岡一門は山を背後にすることで武蔵が正面から来られないようにしておいて、迎え撃つ陣形を構えています。それに対して宮本武蔵が何をやったかというと、ゲリラ戦。山に裏から入っていって。
町山　吉岡一門は武蔵が正面の道から来ると思ってるんですよ。
春日　山を背後にして本陣があるので、総大将の子どもは山を真後ろに背負って立っている。武蔵はその背後の山から一目散に……。
町山　背後から急襲する。
春日　そうすることで少年をいきなり殺す。
町山　山形勲は息子に覆いかぶさって庇《かば》うんですよ。そしたら宮本武蔵は父子もろとも串刺しですよ。これはもう俺、おせち料理食べながら見てたら、いきなり親子串刺しですよ。
春日　しかもそこ、白黒の生々しい映像でやってきますからね。
町山　血も涙もない。

泥田の中の死闘

春日　あとは七三人を殺すかと思ったら……。この戦いは総大将を斬ったから俺の勝ちである。だから無駄な戦いはしたくない、と武蔵は逃げるんです。

町山　武蔵はひたすら逃げるだけ。田んぼの畦道《あぜみち》を逃げれば、相手も一列になるから一人ずつ相手すればいい。

春日　「待て、卑怯だぞ」と追いかけていくんですけど、いや、お前らも七三人で待ってたんだから十分卑怯だぞって。

町山　どっちもどっち。

春日　逃げるところで迫力を出すために、内田吐夢は田んぼを走ると霜が飛び散るようにと考えます。でも、田んぼの上に普通に氷を張ったところで、氷が跳ねても当時のフィルムだと映らない。なので溶かした蠟を田んぼに張って、その上を走らせています。

町山　すごい撮影ですね。

春日　田んぼに蠟を張って、それが白いから氷が跳ねてるように見えるという。ものすごい時間をかけて準備をやってるんです。それを望遠でものすごく遠くから撮っていくという形にしてるんですよね。

町山　同じ原作を基にした『バガボンド』（井上雄彦）というマンガだと、この七三対一の戦いは延々と続くんです。武蔵が圧倒的に強くて全員を皆殺しにしていて、吉岡一門はただ脅えるだけ。テレビの木村拓哉版『宮本武蔵』（'14）ではキムタクがジャッキー・チェンみたいにアクロバティックに動き回りながら戦っていた。

春日　キムタク版は殺陣師が実写映画版『るろうに剣心』（'12〜'14 大友啓史監督）の谷垣健治だからああいう感じの香港風のアクションしかできないんです。

町山　でも、錦之助の宮本武蔵は脅えながら無様《ぶざま》に逃げる。

春日　「俺は斬りたくない」と言いながら。

町山　カッコ悪い。

春日　ただ勝つことに対して執着してる。最初の関ヶ原の敗戦ショックがあるので、この人は負けるということにものすごく脅えてるんですね。つまり勝つことが強くなることである。そしてそれが自分のあのときのトラウマを払拭することであると思って生きている。

町山　（林彦次郎役の）河原崎長一郎*18さんを斬るときに、目を斬ってブシュッと血が出るんですけども、そのとき武蔵は「しまった！　やっちまった！」という顔をするんだよね。

春日　斬る側にも痛みがあるという。斬る側も斬られる側もものすごい痛みを感じながら戦っている。だからすごく心に刺さってくるんですよね。

巨大な松とマジックアワー

町山　決闘場の松がすごい。あんな大きい松、なかなかないよね。

春日　この松は人工なんです。内田監督は一つの映画に必ずキービジュアルをつくる。そして、そこだけは絶対に妥協はしない。『一乗寺の決斗』に関してはあの巨大な松の下で戦うのが重要であるということで、いろいろとロケハンしたんですけど、だだっ広い平地に松が生えている場所が一カ所もない。じゃあどこを選ぶかというと、とにかくだだっ広い平地を選んだ。そこは饗庭野《あいばの》という滋賀県にある自衛隊の駐屯地。その片隅に田んぼがあるので、そこを整地しなおして錦之助たちが走りやすいように田んぼの畦道にコンクリートを流して、その上に土を盛って畦道をつくったりというように、アクション用に田んぼをつくり変えたわけです。

町山　この田んぼも、全部、この映画のためにつくったセットなんですね。

春日　でも、そこには大きい松がないんですよ。さあどうしたかといったら、撮影所でつくったんです。鉄骨で大きな松の骨組をつくって、その上に松の皮を貼りつけていって。

町山　鉄骨のタワーなんだ。

春日　それをトラックで運んで、松の根っこがちゃんと植わるように島をつくって。

町山　全然わからない。

＊18　ホームドラマの父親役でお馴染み。『五番町夕霧楼』（'63）など。父は河原崎長十郎。

春日　それくらい東映京都は技術がありますから。しかもこの決闘シーンの撮影がむちゃくちゃだった。

町山　明け方の決闘という設定で。

春日　台本には「立ちこめた朝霧がしだいに消えて、下《さが》り松を中心にした地形が鮮明に浮かび上がってくる。東は急斜面の松山、北は藪畳、南西に向かって三つの小道、そして薄氷の張った田んぼがある」と書いてあります。立ちこめた朝霧がしだいに消えていく中に平地が見えていく。そこにこだわって、実際その時刻だけに撮影をしたんですよ。

町山　映画では夜や朝方のシーンは、たいてい、昼間にフィルターを使って暗くして撮影しますよね。いわゆる「潰し」。本当に朝方撮るのは、時間も短いし、いろいろ大変だから。

春日　朝の澄んだ締まった空気の中で、その空気をそのまま映したいというのがあったので。ところが大決闘シーンなので準備も撮影も時間がかかるんですよ。日が昇りきっちゃったらもうだめなので、一日一時間しか撮影できない。

町山　「潰し」は影が地面に落ちるから、よく見るとわかっちゃう。実際の朝夕は光が空全体に回る、いわゆるマジックアワー[*19]だから影はないんですが。それは毎日、一時間もない。

春日　しかも立ち回りのシーンだから、普通にやったって時間がかかるんですよ。それを毎日毎日その時間にだけ撮影をしていたという。

町山　ディカプリオの『レヴェナント　蘇えりし者』（'15　アレハンドロ・G・イニャリトゥ監督）がマジックアワーだけで少しずつ撮ってたら、日程オーバーで製作中断になりましたね。

春日　夜中の三時からテストを始めて、どういう動きかを夜中のうちにやっておいて、さあ夜が明けた、本番だということで、その一瞬のうちに撮って、日が出てきたら「はい撤収」と。ところが、いちいち撮影所に持って帰ってたら翌日の準備にまた大変な時間がかかるので、カメラもクレーンの上に載せたままとか、機材も現場に置いたまま。で、村人たちに野営を頼んで警備してもらった。

町山　セッティングしてあるんだから動かすな、と。

春日　盗まれないようにと頼んで。で、撮影所に戻って、また夜中になるとやってくるという、その往復を何度もしながら二〇分におよぶ決闘シーンを撮り上げていく。だから一

＊19　日の出直前と日没直後は夜とも昼ともいえない不思議な光でしっとりした美しい映像が撮れたため〝マジックアワー＝魔法の時間〟と言われる。

日数カットしか撮れないんですよね。そのワンシーンを撮るのに半月かかったそうです。

血の怖さ

春日　戦いを終えた武蔵は寺にこもって悩み続けます。

町山　モノクロでの大殺戮シーンの後、ぱっと突然カラーになるんですよ。真っ赤になる。

春日　あれは血の象徴ですね。

町山　鮮烈なカラーへの切り替わり。

春日　人を殺すと手が汚れるという発想があって、斬った後で武蔵が手を一生懸命洗うシーンが何作目かに入っているんですよね。だから基本的に血というものに対する怖さがこの映画にはある。内田吐夢監督は戦争経験者ですから。人を殺してしまった武蔵に対して手を洗わなければいけないということで、あなたは血にまみれているんだよということをちゃんと示す。たえず死を意識させています。

町山　でも、「一二歳の子どもを殺しておいて、お前は人間か」と言われた武蔵は「我事において後悔せず」と言う。おいおい（笑）。

春日　あれはどこかで自分に言い聞かせてるのかもしれませんね。

町山　そこで後悔しちゃったら罪の重さで生きていけないからね。そう言うしかないんだろうね。

打ち切りの危機

春日　さっき言ったように、この映画には映画史が如実にあらわれています。『一乗寺の決斗』は、東映京都も含めて時代劇の描写が激しくなっていった時代で、その激しさがあらわれた。ただ、お金も時間もものすごくかけてつくったんですが、これが思ったより当たらなかったんですよ。この当時は時代劇が当たらなくなっていて、東映全体としても任侠映画に切り換えようとしていました。それがまさに一九六四年だったんです。なので、いろんな時代劇のシリーズが打ち切りになってます。鶴田浩二の『次郎長三国志』（'63～'65 マキノ雅弘監督）なんかもシリーズ途中で打ち切りになっている。『宮本武蔵』もあれだけ金をかけて当たらなかったから、五部作と決まってはいましたが、撮影所長の岡田茂[*20]が第五部は撮らないと言ったんですよ。それで内田吐夢はショックを受けて。

町山　巌流島なしで終わらせるなんて。

＊20　製作者。七一年に東映社長に就任、一時代を築いた。『網走番外地』シリーズや『仁義なき戦い』シリーズを製作。著書に『悔いなきわが映画人生』。

春日　なしで終わらせる気だったんです。当たらなかったからって。それで脚本の鈴木尚之やプロデューサーで岡田茂に頼んで、大幅に縮小した予算でやることになった。だから見てもらえばわかるんですけども、往来のエキストラの数とかセットの規模が第五部はものすごく……。

町山　しょぼいですよ。

春日　内田吐夢監督は最終的に爆発を用意する。そのために映像に徹底的にこだわる。で、五部作を通していちばんこだわりたかったのはおそらく巌流島の波だったと思うんですよ。ところが、巌流島のシーンで勝負したかったのに、予算がなくてロケーションに行けなくなって琵琶湖で撮ったんです。だから背後に波がない。それだと迫力が出ないんです。本人としては忸怩《じくじ》たる思いで撮った作品だったんですよね。

町山　しかも飛んでる鳥はアニメじゃないですか？　東映動画。

春日　本当に金がないのでいろんな形でごまかしています。少年と二人で荒野をさまよう場面ばかりで、そこにぽつんぽつんと小さなセットが建っているだけ。それはただ単に金がなかったから。ごまかしと言っちゃ悪いけど、そういうふうにせざるをえなかった。

武蔵の贖罪

春日　この第五部でメッセージがあらわれていると思うのが、武蔵が子どもを殺した場所に戻るところなんですよね。するとそこに地蔵が添えられていて、そこにある男がいるわけですよ。それが河原崎長一郎。彼は何をそこでやっていたかというと、死んでいった吉岡の門弟たちのためにずっと地蔵を彫り続けていた。

町山　供養をしていたんですね。

春日　それを見て何も言えずに武蔵が去っていく。自分がやってきたことに対する虚しさというんですかね。つまり武蔵は罪を犯したのだということを、我々にも伝わるし、武蔵にも伝えようとする。暴力は罪であるということをこの第五部ではやっています。だからこの第五部は内田吐夢は撮らないといけなかったんですよ。第四部までやったことを全て否定するためにこの第五部はあるので。

町山　『仮面の忍者赤影』（'67〜'68）の青影で有名な金子吉延《よしのぶ》演じる孤児を武蔵が親代わりになって育てる。

春日　ようやくヒューマニズムに目覚める。

町山　吉岡一門の少年を殺したことを「後悔せず」と言いながら、実は罪悪感に苛《さいな》まれているんですね。

春日　そして重要なのは、最後に巌流島に向かう武蔵のところにかつての登場人物が集まってくるんですね。実は皆けっこう幸せになってるんですよ。これがけっこう突き刺さってくる。つまり力を求めることで敗戦から立ち直れると思った武蔵と、又八たちみたいに武器は捨てようとなった人たちとがいて、武器を捨てた奴らのほうが幸せになっていて、力を求めた人間が孤独になっている。これも内田吐夢監督の戦後の生き方へのメッセージとしてあったのかもしれません。

町山　鈴木尚之の『私説　内田吐夢伝』を読むと、内田監督は満映に行くときに家族を捨ててるんですよね。妻子があるのに映画のほうが大事だからと満映に飛び込んで、家にあまりお金を送ってない。戦後、映画監督として戻ってきてからも映画に没頭するあまり家庭をないがしろにしていく。だから、剣のために全ての人間的生活を捨てていった武蔵は内田監督自身なんですね。

春日　そうですね。ですから贖罪であり、彼自身を……。

町山　自己弁護というか……。

春日　自分のことを責めてもいますよね。その生き方はいけないんだと。

町山　懺悔みたいな。

春日　だから最後、小次郎と戦った後に何が起きるかといったら、フラッシュバックしてかつて斬っていった奴らが蘇ってくるんですよね。

町山　武蔵の犠牲者たちが。

春日　つまり後悔と苦しみの……剣を見て最強の男を見ても爽快感も達成感も何もなくて、さらなる地獄が待っている。最後に「この空虚、所詮、剣は武器か」とつぶやくんですね。

町山　でも剣によって人間として高みを目指すと言って始まった武者修行なのに、結論は「この空虚」。

春日　結局、暴力では何も得られないと、そこに行き着くための五部作だったということで。理想を目指していって目指していってやっぱりだめだったという、ある種の青年の挫折でもありますよね、これは。

もう一つの内田吐夢『武蔵』

町山　『宮本武蔵』五部作は「この空虚、所詮、剣は武器か」で終わっていて、宮本武蔵は何も得るものがない。でも、その後で、内田吐夢監督は宮本武蔵の最後の映画を撮ってるんですよ。

春日　『真剣勝負』（'71）。本当はこれは第五部の中に入れたかった話なんですよね。

町山　『宮本武蔵』五部作で消化不良だった部分をこの最後の映画で内田吐夢監督は言いきろうとするんですね。これは遺作になるんですけど。東宝で配給かな。

春日　東宝です。

町山　『真剣勝負』で描かれるのは宮本武蔵が宍戸《ししど》梅軒《ばいけん》という鎖鎌の達人と戦ったという、時代的にはちょっと前の話、一乗寺下り松よりも前の出来事なんですけども、武蔵の精神状態は巌流島の決闘後なんです。だからテーマ的にはシリーズの最終結論に至るんです。

春日　そうですね。中村錦之助の武蔵は同じなんですけど、三國連太郎は今度は全然違う役で、鎖鎌の達人の宍戸梅軒。これは夫婦の鎖鎌の達人で、奥さんを演じるのが沖山秀子[*21]。

町山　あの肉体派女優が鎖鎌を操る達人。

春日　このとき内田監督自身も体がぼろぼろで弱りながら撮った状態で、どうしてもこの作品だけは撮らせてほしいと東宝側に、そして錦之助に頼み込んだ。錦之助が東映から独立してましたから、内田監督にお世話になったことと、武蔵をもう一回やりたいという想いもあって、「じゃあやりましょう」ということでやったのがこの『真剣勝負』です。本当に宍戸梅軒との決闘だけを描いた、短い作品です。

町山　『真剣勝負』は物語中で経過する時間が二〇時間くらいですね。ある一夜とその翌朝の出来事だけ。

春日　映画自体も分数が少ないです。

町山　これは内田監督が武蔵の心の物語をちゃんと終わらせるためにつくった映画になっ

てます。

春日　そうですね。最後に極端なくらいにテーマ性を出してきますからね。

町山　三國連太郎と沖山秀子の間には赤ちゃんがいるんですよ。赤ちゃんを抱えて、荒野で山賊みたいなことをして必死で暮らしてる。武蔵は最初、彼らを殺しに来るんですけども、彼らの夫婦生活を見て心が揺れる。ところが実は武蔵がその前に沖山秀子のお兄さんを殺してることが判明して、仇だということで三國・沖山夫婦が武蔵を殺そうとする。すると武蔵は、毎度のように卑怯で、彼らの赤ちゃんを人質に取るんですよ！

春日　もう本能で動いちゃうんでしょうね。負けず嫌いが。

町山　赤ちゃん抱えて逃げて「この子を殺すぞ」って脅して、しかも映画は決闘の決着を見せずに赤ちゃんをクローズアップにする。すると、それまで泣いてた赤ちゃんが笑顔になっていきなり映画が終わる。

春日　奇妙な映画ですよ。

町山　奇妙だけど、内田監督は死ぬ前にどうしてもこれを撮りたかった。戦いの虚しさ、子どもの大切さを。

＊21　今村昌平監督の『神々の深き欲望』（'68）などに出演。

春日　徹底して戦いは虚しいものであるということが通底しています。

町山　自分自身は家族を選ばずに映画に人生を賭けてしまったけど、映画人生の最後は子どもの笑顔で終わらせた。監督は迫り来る自分の死と戦いながら『真剣勝負』を製作していました。

春日　だから全体的な構成もおかしなテンションの映画にはなってるんですよね。

町山　一回危篤状態になって、また復帰して編集を終わらせて亡くなってる。だから内田監督が命を込めた映画。

春日　本当に遺言みたいな。死ぬのがわかって現場に入ってますし、現場もほとんど内田監督は動けないような状態で、スタッフが支えながら、あるいは錦之助さんが現場をかなり引っ張っていったところもあったみたいなので。

町山　武蔵はもう内田監督自身なので、自分はこう言いたかったのだと。俺は映画という剣に賭けたけれども、すみませんでした、という。

春日　あと、敗戦から苦闘しながら最後に気づいたのは、大事なのは家族を大切にするとか子どもを育てるとか夫婦愛とか、そういう当たり前の幸せじゃないのっていう。

町山　でもそれができないというのも人間なんだ、俺はできなかったし、武蔵もできなかった、と。

春日　だから人間というのを見つめ直してみよう、というところですよね。
町山　この映画の完成と同時に亡くなって、そのときに一人寂しく亡くなった。所持金というか、財布に入っていたお金が二四〇〇円くらいだったという。全て出し尽くして、命を映画に注いだ人ですね。
春日　本当にこの映画は何度見ても画面から伝わる空気が異常。
町山　すごいんです。鬼気迫るものがある。魂です。
春日　呪われたようなね。フィルムから血の匂いがするんです。いつも見ててすごく気持ち悪くなるんです、この映画は。

内田吐夢と満洲

町山　あともう一つ、鈴木尚之の『私説　内田吐夢伝』で強調されているのが甘粕正彦のことなんですよ。
春日　満映の話をするならこの人のことは欠かせませんからね。
町山　甘粕正彦は関東大震災の後に大杉栄の一家を皆殺しにした。甘粕正彦は当時、憲兵隊長で、アナキストの大杉栄とその内縁の妻、伊藤野枝、それに六歳の甥を逮捕して、警察署内で三人とも絞め殺した。その後、甘粕は満洲映画協会の理事になった。つまり満映で内田監督はこの子ども殺しの甘粕の下についたんです。

春日　甘粕はどうも満洲に行ってから人が変わってしまったようなんですね。映画に理解のあった人で、引き揚げないで甘粕が死ぬまで見届けた人たちもいて、その中には後の東映の幹部の人たちもいて。

町山　内田監督はもともと左翼。甘粕はファシストで、敵同士なのに、なぜか満映で二人は友情で結ばれてしまう。

春日　ある種、大陸の強みというか、本土であぶれた人間が来てるから。

町山　いられなくなった人たちが集まってるから。内田監督は甘粕の下で映画をつくろうとしてたんですけども、その前に日本が敗《ま》けて満洲国は崩壊。ソ連軍が攻めてくるその時に、甘粕は内田監督の目の前で青酸カリを飲み、内田監督に抱かれて死んでいった。

春日　すごいものを見てますよね。中国戦線の地獄というものを内田監督は目の当《ま》たりにしてます。だから地獄を見てきた男のつくった映画だということなんですよね。

町山　子どもを殺した宮本武蔵の罪は、甘粕とも繋がってくる。

春日　贖罪と拭えない罪、手にこびりついてしまった血の匂い、そういったものをどうやって洗い流すか、いやできない。その苦しみが描かれている作品ですからね。

町山　『宮本武蔵』の前に内田監督が撮った『大菩薩峠』もそういう話でしたけどね。人斬りの机竜之助がただ殺しまくる。
春日　ひたすら無明の闇。スタートから闇で始まって、さらなる闇にはまっていく。
町山　何しろ、机竜之助が盲目の老人をいきなり無意味に斬り殺すところから始まるんですから。で、最後は文字通り地獄に呑まれていく。
春日　濁流に消えていく。

『仁義なき戦い』との繋がり

町山　それから、内田監督の時代劇が同時代の稲垣浩[*22]や黒澤明と決定的に違うのは、どろどろしたセックス描写があるんですよね。
春日　そうですね。性が強いですよね。男の嫉妬とか男の醜さとか。
町山　『妖刀物語　花の吉原百人斬り』（'60）が典型的な例ですね。
春日　これまた強烈な映画。
町山　江戸時代の実話が基になってますけど、片岡千恵蔵さんが演じるのが気のいい金持

＊22　日本映画を代表する監督。『番場の忠太郎 瞼の母』（'31）『無法松の一生』（'43、'58）『風林火山』（'69）など。

ち。ただ顔に大きな痣《あざ》があるので女性にもてないと思っている。でも、水谷良重《よしえ》さん（二代目水谷八重子）扮する吉原の遊女が「あなたの心には痣はないわ」とか言って優しくしてくれるので、恋に落ちてお金をどんどん貢いでいくんですね。ところが実は、当時の吉原で花魁《おいらん》になるためには金やパトロンの政治力が必要だったんです。水谷良重は千恵蔵を利用しただけだった。騙されたと知った千恵蔵が吉原の大門《おおもん》の中で無差別殺人をして映画は終わるんですけど。大虐殺で終わりという映画ばっかりですね、内田作品は。

春日　考えてみたらそうですね。いつも主人公は闇にいる。

町山　現代劇の『飢餓海峡』（'65）もそうだけど、黒澤明と正反対で、罪人の側を描き続けました。

春日　この映画は吉田貞次《さだじ》[*23]がカメラをやっています。『宮本武蔵』の第三部から第五部も吉田貞次がカメラをやってるんですけど、彼が本当に優秀なカメラマンで、生々しく荒々しく撮るということを得意とする方。それから『宮本武蔵』五部作は照明が中山治雄[*24]という人なんですけど、東映時代劇は基本的に明るく照らす伝統があるんですが、この中山さんの照明はけっこう暗めなんです。

町山　陰影が強い。

春日　この撮影・照明コンビはそのまま『仁義なき戦い』をつくってるんですね。

町山　ハイコントラストなね。

春日　『仁義なき戦い』をつくることになったときの日下部五朗[*25]プロデューサーは深作欣二監督を京都に呼んできます。その時、東映のステレオタイプな映像を撮る人じゃなくて、『宮本武蔵』の雰囲気で『仁義なき戦い』を撮るとうまくいくんじゃないかということで、カメラマンと照明は『宮本武蔵』から引っ張ってきたんですよ。

町山　『一乗寺の決斗』の大殺戮の撮り方が『仁義なき戦い』の原点だったんですね。

春日　まさにそうですね。戦後の人間ドラマをどう描いていくかというのは両作品に共通する点ですが、それを描く上でこの撮り方は正解だったということですね。

町山　『仁義なき戦い』のルーツに『宮本武蔵』があった、と。

春日　構成が同じなんですよね。まず大きな戦争で敗戦をする。そこから再び暴力の世界に入っていく。そして暴力の世界に入っていってのし上がろうとするけど、最終的には何

＊23　東映京都で『仁義なき戦い』シリーズ（'73〜'74）などの撮影を担当。
＊24　東映京都で時代劇から現代劇まで照明を手掛ける。
＊25　『極道の妻たち』シリーズ（'86〜'01）などを手掛けた東映の名プロデューサー。著書に『シネマの極道』。

も得られず虚しい終わり方をする。実は『仁義なき戦い』四部作と、この『宮本武蔵』五部作は……。

町山　ああ、そっくりだ。

春日　どちらも「わしらの時代はしまいで」と虚しく終わっていく。

町山　菅原文太と小林旭の二人が警察署の廊下で寒がってる、あの場面ですね。

春日　あれはまさに『宮本武蔵』の巌流島の後なんです。だから実は同じ構成だと。

町山　なるほど！

春日　戦後史なんですよ、これはやっぱり。

町山　『宮本武蔵』と『仁義なき戦い』は同じ！　すごい結論が出た。あとね、内田監督の息子さんも映画監督になられて、初期の『仮面ライダー』を演出してるんですが、当時の『仮面ライダー』って宮本武蔵なんですよ。『仮面ライダー』という最強の男に怪人たちが次々に立ち向かって虚しく殺されていく。息子さんは家庭を破壊したお父さんを嫌いだったそうですが、監督としては父親と似た仕事をしてるんだ。

春日　画面暗いですもんね。

町山　暗いですよ。あと、蜂女がおっぱいグルグルさせるのも、後家さん感があるんですよ。

春日　ああっ……納得していいのかわからないですけど。

第三章

『剣』三部作——三隅研次の美学

★三隅研次と市川雷蔵のコンビでつくられた、〝剣〟をめぐる三作。

『斬る』

公一九六二年七月一日 製大映京都 配大映 時七一分
監三隅研次 脚新藤兼人 原柴田錬三郎 企宮田豊 撮本多省三 美内藤昭 音斉藤一郎 録大角正夫 照加藤博也 編菅沼完二 出市川雷蔵（高倉信吾）／藤村志保（山口藤子）／渚まゆみ（高倉芳尾）／万里昌代（田所佐代）／柳永二郎（松平大炊頭）／天知茂（多田草司）／稲葉義男（池辺義一郎）

柴田錬三郎原作。幕末、剣の道に励む藩士・高倉信吾。武者修行の旅を経て、幕府大目付松平大炊頭に仕えるようになるが、尊王攘夷派の刺客に狙われることに……。

『剣』

公一九六四年三月一四日 製大映京都 配大映 時九五分
監三隅研次 脚舟橋和郎 原三島由紀夫 企藤井浩明、財前定生 撮牧浦地志 美内藤昭 音池野成 録奥村雅弘 照山下礼二郎 編菅沼完二 出市川雷蔵（国分次郎）／藤由紀子（伊丹恵理）／川津祐介（賀川）／長谷川明男（壬生）／河野秋武（木内）

三島由紀夫原作。ひたすらに剣に打ち込む、大学剣道部の主将国分次郎。そんな彼の態度に反発心を抱く軟派の賀川。二人の関係は強化合宿で思わぬ最後を迎える。

『剣鬼』

公一九六五年一〇月一六日 製大映京都 配大映 時八三分

監三隅研次 脚星川清司 原柴田錬三郎 企加賀四郎 製田辺満 撮牧浦地志 美下石坂成典 音鏑木創

録大谷巖 照山下礼二郎 編菅沼完二 出市川雷蔵（斑平）／姿美千子（お咲）／佐藤慶（神部菊馬）

／五味龍太郎（虚無僧）／戸浦六宏（海野正信）／香川良介（影村主膳）

柴田錬三郎原作。犬の子と蔑まれ育ってきた斑平は、浪人の剣に魅せられ学ぶ。藩の上役から公儀隠密暗殺を命じられ斬りまくるが、藩主の死にともない、仇討の対象になり……。

『斬る』

悩み苦しむ市川雷蔵

町山　いわゆる『剣』三部作ですね。本当は違いますけど。

春日　それぞれ違う背景でつくられている作品ではありませんからね。

町山　最初の一本は『斬る』（'62）。

春日　三作とも共通するのは市川雷蔵[*1]が主役ということです。二枚目のスター。最初は美剣士役が多かったのが、一九五八年の三島由紀夫原作『炎上』（市川崑監督）という映画で、金閣寺を燃やす犯人の役をやる。

町山　ひ弱な学生ですね。

春日　これをノーメイクでやって、演技派として開眼して認められていくわけです。そして時代劇に戻ってきたときに今度はただの二枚目スターじゃなくて、暗い陰のある人間を

＊1　歌舞伎界から映画界へ転身、『眠狂四郎』シリーズ（'63〜'69）などで大映のトップスターに。三七歳の若さで死去。

演じるようになっていく。そういう中で代表作である『眠狂四郎《ねむりきょうしろう》』シリーズ*2（'63〜'69）とかがつくられていくわけですけど、『斬る』は『眠』と同じ柴田錬三郎原作。眠狂四郎はヒーローなんですが、そこからヒロイックな部分を除いて、ある種の狂気の世界にぐっと絞り込んでいったのが、この『斬る』という作品といえます。

町山　タイトルからして『斬る』だもん。

春日　雷蔵の役柄の基本的なパターンとしては、悩み苦しむ。ひたすら悩み苦しんで悲劇で終わるという、けっこう容赦ない話が多い。ある種の地獄巡りものの話ですね。雷蔵の悩み苦しんでいく姿に女性たちが胸をキュンとさせられていったという側面もあったと思います。『斬る』という映画は悩み苦しむ雷蔵をひたすら見ることができます。七一分という短い時間なんですけど、そこに魅力が凝縮されている。

町山　七一分ってことはBプロだったの？「添え物」？

春日　当時は二本立てが興行の基本スタイルで、メインの作品と、同時上映の作品という構成でした。

町山　昔、映画は基本的に二本立てだったんですね。メインのAプログラムは二時間くらいの映画で、製作費が多め。それに六五分から八〇分くらいの低予算映画をくっつけていて、そっちをBと呼んでいた。だからA級B級というのは本来、長さの問題だった。今は、安っぽい映画をB級とか呼んでるけど、内容の問題じゃないからね。

春日　この時期はようやく勝新太郎が人気が出始めた頃で、大映時代劇としてはまだ雷蔵がほぼ単独エースなんですよね。その単独スターの雷蔵にB級はやらせてないはずなので。

町山　じゃあなんで短いんですかね。

春日　たまに大映ってあるんですよ。たとえば『座頭市』シリーズ[*3]（'62〜'89）の二作目（『続・座頭市物語』'62）とかも七〇分強だったりとか、とてつもなく短いのがメインどころでもつくられていたりして。あるいはダブルメインの二本立てもあったり。それで豪華キャストで監督も一流でやってるにもかかわらず、併映みたいな長さだったりします。

実はオーソドックスな三隅演出

町山　僕はリアルタイムで劇場版『子連れ狼』（本書第四章）を見て、三隅研次[*4]を首がバン

＊2　市川雷蔵主演のシリーズは全一二作。転びバテレンと日本人女性との間に生まれた眠狂四郎が、円月殺法で斬りまくる。

＊3　勝新太郎演じる盲目の侠客〝座頭の市〟が主役のシリーズ。映画は二六作。ドラマシリーズも製作・放送。

バン飛んで血がビューッの監督として知って、そこから遡って『剣』三部作に辿り着きました。

春日 三隅研次監督って『子連れ狼』で語られることが多いですからね。

町山 世界的にも『子連れ狼』の監督として知られてます。

春日 『子連れ狼』はまさに腕が飛ぶ、足が飛ぶ、頭が真っ先に張り裂けて、そこから血が噴き出て。

町山 頭がまっ二つにゆっくり割れて。

春日 その向こうから人間の顔が見えてくる。そういうとにかく残虐描写で知られる作品ですから、三隅研次もそういう監督として知られる人なんですけど、必ずしもそういう監督ではないんですよね。

町山 え、血しぶき大好き監督じゃないんですか。

春日 『子連れ狼』以前は直接的にそういう描写をするのはあまりやっていないんですよ。『子連れ狼』の演出も、ああいうふうにやりたいと言ったのは主役の若山富三郎ですし。若山さんはとにかくあの時期、マカロニ・ウエスタン[*5]にはまっていましたから。それこそ時代劇でショットガンを撃ったりとか、マカロニ・ウエスタンをどうやって日本に持ち込めるかということだけを当時の若山富三郎はやっていた。

町山　犯人は若山さんか。

春日　『斬る』や『剣』を見てもらうとわかるんですけど、ことのほかオーソドックスな殺陣《たて》をやっています。ほとんど血も出ないし。大映時代の三隅研次はどちらかというと叙情系の監督なんです。『座頭市』の一作目（『座頭市物語』'62）がいい例なんですけど、小さな人間ドラマを叙情的に撮っていくというのが得意な監督でした。ですから三隅研次の本来もっているエッセンスがいちばん凝縮されているのがこの『剣』三部作だというふうにむしろ言えるんじゃないかなという感じなんですよね。

町山　三隅研次監督はシリーズものをいくつも成功させてますね。『眠狂四郎』シリーズと『座頭市』シリーズ。『座頭市』はいろんな監督が撮ってますけど、ベースをつくったのは三隅研次監督です。

春日　大映はシリーズものでも一作ごとに、監督を替えています。

町山　田中徳三[*6]とかね。

＊4　『座頭市』『眠狂四郎』『子連れ狼』やテレビ『必殺』シリーズなど、数多くの時代劇を手掛けた。

＊5　六〇年代～七〇年代前半に世界的大ブームとなったイタリア製西部劇。『荒野の用心棒』（'64）など。

春日　監督を替えることで作品のバリエーションをつくっていくというやり方をしてたんですけど、三隅監督って、たとえば『座頭市』もシリーズ中盤でアクション色が強い時期になっても、三隅監督が撮ると泣かせる叙情的な話が多いんですよね。一作目の後にやったのが『座頭市血笑旅』（'64）で、これは赤ちゃんを担いで座頭市が旅をする。

町山　『子連れ狼』の原型になった。

春日　そうですね。でも残酷描写はなくて、親子の泣かせる話。赤ちゃんがおっぱいを欲しがってるから座頭市がかわりにおっぱいをあげたりとか、そういう描写で、最後は親子の別れで泣かせるという。『眠狂四郎』のときも同じで、『眠狂四郎』はエログロの話を四作目以降にやっていくんですけど、それをやったのは池広一夫[*7]監督と安田公義[*8]監督で、三隅監督がやったときはけっこうオーソドックスな内容が多いんです。

町山　緑魔子《みどりまこ》の回は？

春日　あれは安田公義です。『人肌蜘蛛《ひとはだぐも》』（'68）。

町山　あれはいちばんエロい。

春日　あれはイタリアのボルジア兄妹をモチーフにした話ですけど、緑魔子は残虐なお姫様で、男たちを拉致しては、いたぶっていたぶって殺していく。あれは安田公義監督だったんです。三隅監督がやった回は、悪党が江戸に火事を起こそうとするのを眠狂四郎がどうやって防ぐかという話で。

町山　眠狂四郎ってサディスティックで、自分が抱いた女を殺すんだよね。でも三隅はそれほどでもなかった？

春日　ほぼエロ描写がないんです、三隅研次の回って。『眠狂四郎』でも『座頭市』でも。後にテレビで『必殺』シリーズを撮ることになるのですが、その第一作『必殺仕掛人』（'72〜'73）を撮るにあたり、朝日放送の山内久司プロデューサーは一話目を誰にするかで悩むんです。三隅研次も押さえていたんですけど、敢えて外して深作欣二にする。というのも、三隅さんでやると真面目になりすぎちゃうからという判断だったといいます。深作なら時代劇の定型を壊してもらえる期待があった。

町山　ちょっとポップにして。

春日　それで新しい映像で始まった後で三隅さんの重厚な演出をもってきて時代劇としてのクオリティを示す戦略でした。つまり、三隅研次は業界では重厚でオーソドックスな作

＊6　大映で『悪名』『眠狂四郎』『犬』シリーズなどを監督。テレビも『必殺』シリーズなど多数。
＊7　『座頭市』『眠狂四郎』シリーズなどを監督。土曜ワイド劇場の『終着駅』シリーズも手掛けた。
＊8　『座頭市』『眠狂四郎』シリーズや『大魔神』（'66）などを監督。

品をつくる監督という評価でした。

町山　『子連れ狼』のマカロニ・タッチで考えてはいけない。

春日　むしろ逆な部分がありました。

『斬る』のカメラワーク

春日　この作品でいうと、たとえば藤村志保[*9]を天知茂[*10]が斬るところで、刀のアップを撮っています。あれは三隅監督の大好きなカットなんですね。ところが本多省三[*11]カメラマンと相性が合ってないなと思うのが、その後の三隅作品ではあそこで刀がきらんと光るんですよ。でも、ここではあまり光ってない。そこは納得いかなかったと思います。とにかく刀がどのシチュエーションで光るといちばん怪しげに映るかなど、刀のエロスを考えた人ですから。本多カメラマンはそこのところを理解しないであそこを撮っている。

町山　あそこは刃がきらっと光るべき。

春日　そうなんです。照明とカメラマンとの意思疎通もできてないしというので、たぶん三隅監督としては不満は大きかっただろうなと思いましたね。

町山　オープニングですごく市川崑[*12]的なカメラワークをやっていますが、監督の本意じゃなかったのかもしれないですね。

春日　あそこまでトリッキーな構図というのは、本当は三隅さんはやりたくないと思います。ただ、大映の場合は特にカメラマンの意向が強い会社ですからね。宮川一夫[*13]という、溝口健二[*14]や黒澤明とやってきた大カメラマンがいて、彼が撮影部のトップにいるので、現場ではカメラマンには誰も逆らえない。構図は全てカメラマンが決めていました。

町山　世界の映画祭で賞を取るために、映像の美しさに力を入れてましたからね。

春日　それでトリッキーな構図をどんどんやっていった。でも、三隅監督は自分の意図を汲んでくれるカメラマンと組みたがったといいます。

＊9　芸名はデビュー作『破戒』（'62）の役名「志保」と原作者島崎藤村に由来。大映では主に時代劇で活躍。

＊10　ニヒルさで人気を博す。『東海道四谷怪談』（'59）、テレビ『非情のライセンス』（'73〜'80）など。

＊11　大映京都のカメラマン。『大菩薩峠 完結編』（'61）『薄桜記』（'59）など。

＊12　スタイリッシュな作風の名匠。『ビルマの竪琴』（'56）『東京オリンピック』（'65）『細雪』（'83）など。

＊13　黒澤明『羅生門』（'50）溝口健二『雨月物語』（'53）稲垣浩『無法松の一生』（'58）など巨匠の撮影を担当し、世界的に知られた。著書に『キャメラマン一代』。

＊14　日本映画を代表する巨匠。『雨月物語』（'53）でヴェネチア国際映画祭銀獅子賞。

黒を基調とする大映の映像美

春日　大映は「グランプリの大映」と言われるくらい数多くのグランプリ作品を撮っていて、それだけに技術スタッフもまた優秀でした。

町山　その技術が、大映の作品全体に浸透したと。

春日　特に監督は衣笠貞之助《きぬがさていのすけ》*15であったり溝口健二、伊藤大輔*16というスタッフに対して厳しく求める人たちが撮っていたので、スタッフたちの技量が皆半端じゃない。監督に言われてやるんじゃなくて、知識から何から自分で勉強していた人たち。

町山　ものすごく陰影の濃い映像なので、白黒映画だとフィルムノワールよりも陰影が濃い。

春日　『斬る』でも冒頭のシーンで藤村志保が歩いていくところでも、セットが凄まじいんですね。大映京都撮影所の一つ大きな象徴と言えるのが「黒光りするセット」です。よその時代劇だと木材がぺらぺらに見えることがあるんですけど、大映のセットってずしんと重く黒い。黒い上に異様な光り方してるんですよね。そのために妖しげな空間になっている。とにかく大映では黒の切れ味が時代劇の魅力だという美意識があるので、塗料も独自に開発して、そこをさらに毎朝なんども磨いて、照明を当てたときに妖しく光らせる。あそこまで光りませんから、他の撮影所のセットは。

町山　大映は現代劇でもそう。水商売の話が多いんですけど、ものすごく陰影が濃いから、見ててぐったりする。

春日　スナックとかが陰影が濃いんですよね。

町山　そうそう。

春日　あのスナックの陰影の濃さは困りますよね。ディスコとかスナックとかね。

町山　重すぎるだろ！って。

春日　若者たちの青春を描いてるのに。

町山　こんな暗い店で遊べるか！って。同じ水商売描写でも東宝映画だとからっと明るい。映画会社ごとに照明と美術さんが決まっているから、各映画会社ごとに決まった映像になっちゃう。

春日　だから監督が誰に替わっても映像は大きくは変わらない。

＊15　戦前の前衛作品『狂った一頁』（'26）から戦後の『地獄門』（'53カンヌ国際映画祭グランプリ）まで多彩な名作を監督。

＊16　時代劇映画の名匠。『忠次旅日記』（'27）『王将』（'48）など。

大映の監督たちの特徴

春日　大映時代劇には三隅研次、安田公義、森一生[*17]、田中徳三、池広一夫、井上昭[*18]といった監督たちがいます。時代劇に詳しくなってくると違いがよくわかるんですけど、これは一見するとなかなかわからないです。

町山　わからないんですよ。

春日　ただ、ちょっとした特徴があるんですよ。三隅監督だったらまさに刀のきらんと光るところだったり、さらに牧浦地志[*19]カメラマンと組んだ時は刀に照らされて顔が光る。

町山　この次の『剣』がそうですね。

春日　安田監督は黒が強い。画面全体が一段と黒いんですよ。そこでエロティックなことが行われたり、ちょっとニューシネマに近い雰囲気になる。森監督の場合はとにかく映像が平板。田中徳三監督は雨の降らし方やロングショットが印象的、池広監督は西部劇タッチが入って、井上昭監督はヌーヴェルヴァーグ的なトリッキーなショットを入れたり……といった具合にだんだん特徴がわかってくるんですよ。

町山　『兵隊やくざ』とか『座頭市』もその監督たちが交替で演出しています。シナリオにはあまり差がなくて、撮り方の違いも微妙ですよ。ただ、市川崑は独特でしたけど。

春日　それでも、ひと工夫をみんな入れるんですよね。その感じがだんだん見えてくる。

全体がたとえば九〇分あったら、九〇分全部でこだわりをやってると時間がかかっちゃうので、そのうち一〇分くらい特徴的な演出をしているんです。そこで、「あ！」と気づく。

町山　あとはスタッフ全部共通だから。

春日　ただ、大映はスタッフがローテーションしてるんですよ。「組」というのをつくらせない。よそと違って、監督とカメラマンも継続的なコンビにさせませんでした。そのせいで、一段と特徴的でなくなってしまった。でもだんだんマニアックになってくると、技師ごとの照明の違いとかわかってきますよ。

町山　え！

春日　これ中岡源権《げんごん》*20だなとか、これ美間《みま》博*21だなとか、山下礼二郎*22だなって、なんとなく大

＊17　『薄桜記』（'59）や『座頭市』シリーズなど勝新太郎や雷蔵主演作を数多く監督。

＊18　『陸軍中野学校』シリーズ（'67、'68）、テレビ時代劇『剣客商売』シリーズ（'98〜'10）など。

＊19　『座頭市』『眠狂四郎』『子連れ狼』シリーズなどで三隅研次と組む。

＊20　『薄桜記』（'59）や『座頭市』シリーズなどの照明を担当。その後『たそがれ清兵衛』（'02）なども手掛ける。

＊21　『座頭市』『眠狂四郎』『大魔神』『子連れ狼』などのシリーズものの他、『人斬り』（'69、本書第六章）『浪人街』（'90、本書第五章）などの照明を担当。

映時代劇を見込んでくるとわかってきます。

町山　すごいね。

春日　現場を見てるとそれぞれ当て方が違うんですよ。取材してみると美学も違ったりして。『子連れ狼』の照明をやったのは美間博という技師さんなんですけど、この人は他にも『人斬り』（本書第六章）とかやった人で、どっちかというとファンタジックな照明をつくりたがる。一方で中岡源権はのちに『たそがれ清兵衛』（'02 山田洋次監督）とかもやる人で、自然光の質感をリアルにつくっていく人。その後の『剣鬼』をやる山下礼二郎はテレビ版『木枯し紋次郎』[*23]（'72～'73）とかもやったりする人ですけど、黒の陰影をつくっていく。

シナリオが散漫な理由

春日　当時の大映の脚本にはけっこうあるパターンですけど、『斬る』も串刺し型の構成というやつですね。

町山　やっちゃいけない串団子というやつですね。

春日　エピソードを並列に繋《つな》げていくというやり方で、これは『座頭市』シリーズもそうですが大映時代劇がついやりがちで。『斬る』の脚本は新藤兼人[*24]さんがやってますけど、新藤さんがこれをよくやるんですよ。

町山　名脚本家が。

春日　新藤さんは自分の独立プロ・近代映画協会を養う必要があるので、とにかく頼まれ仕事を受けて早く書く。で、このやり方は効率的なんです。

町山　串団子では、『地獄の黙示録』（'79 フランシス・フォード・コッポラ監督）がわかりやすい例かな。『地獄の黙示録』はA地点から出発した主人公たちが、B地点にいるカーツ大佐を捜しに行くという話で、その間にキルゴア大佐と会ったり慰問団たちと会ったりといろんなエピソードがあるけど、それぞれが関連してない。

春日　全体としての起承転結がないので、物語に大きな盛り上がりが起きないんですよ。『斬る』は七〇分強の話ですけど、二五分ごとにほぼ別の話になる。だから三部作って言ってますけど、『斬る』自体が三部作のオムニバスみたいな。しかも、雷蔵の演じる主人

＊22　『座頭市』『眠狂四郎』シリーズなどの照明を担当。
＊23　笹沢左保の原作をドラマ化したテレビ時代劇シリーズ。メイン監督を市川崑が務め、主役の渡世人・紋次郎を中村敦夫が演じた。
＊24　独立プロの先駆者的存在。『裸の島』（'60）『午後の遺言状』（'95）などの監督作品の他に、膨大な量の脚本を執筆。

公のキャラクターもけっこう変わってるんですよね。

町山　最初はすごく明るい青年で。

春日　ただテーマが一つあるのは、母性と言うんですかね。母性を求めていく男だったというのがあって。

町山　最初は名家の子として『斬る』の主人公は登場します。

春日　それが剣の戦いに巻き込まれて、そして自分の妹と父親を殺され、さらに自分の出生の秘密を知ってしまうという。その復讐の旅に出るんですけど——。

町山　ところが復讐はすぐ終わっちゃう。旅の目的なのに。

『斬る』の見どころ

町山　『斬る』はシナリオにいろいろ問題があるんですけど、それぞれのシーンがなかなかよくて。

春日　それぞれ際立ってますね。

町山　まず最初のお坊ちゃんだった頃、妹役の渚まゆみ[*25]が可愛い。ものすごく可愛い。今アイドルでも全然いける。

春日　いけますね。当時はあまり評価されなかったといいます。もったいない。

町山　だって芝居がド下手なんだもん。
春日　とんでもなく下手。今ならたぶん真ん中くらいなんですけど、当時の役者の中に囲まれると、まあ危険な芝居をしてますよね。
町山　ただ、むちゃくちゃ可愛い。この後、セクシー系になりますね。『平凡パンチ』とかで脱いで。
春日　その次のヒロインが万里《ばんり》昌代[*26]ですね。
町山　弟と一緒に逃げてる武家の女性。弟を救うために姉が大変なことをする。
春日　敵に囲まれたときにばっと裸になって立ちはだかる。
町山　思わず刀を持つ手が止まりますよ。
春日　このとき三隅監督らしいと思うのは、裸そのものを映さないで、ディテールを映していくんですよね。汗をかかせて、そして白い肌に黒い髪がまとわりついていく様をアップで映している。『子連れ狼』でも後々そうなっていきますけど、とにかくアップで積み重ねていく。ここは三隅さんらしい演出です。

＊25　大映の新人スターとして幅広いジャンルの作品に出演し、歌手としても活動。
＊26　新東宝、大映で活躍。『婦系図』（'62）『座頭市物語』（'62）など。

町山　万里昌代の顔がいいんだ。もう本当にいい顔の女優さん。

春日　『座頭市』の初期のヒロイン役をやっていた女優さんですけど、バタくさい顔と言いますかね。

町山　スタイルも抜群で。ここでは一瞬しか出てこないけど、一世一代の名演技ですね。

春日　五分くらいしか出ないんですけど、ラストシーンが彼女のイメージで終わっていくんですよね。

町山　この主人公、女性に対する想いが歪んでる。

春日　たぶんマザコンなんですよ。それが後でわかってくる。若いうちに両親を失ってしまっているということが暗い陰になっている。でもそれがなかなか明かされないし、伏線すら張られてない。

町山　で、最後になっていきなり。

春日　最後になって自分の主君が死んだときに覆いかぶさるところで、お父さんだと思って死んだんだし、想像するのは母親のことという。ああ、こういうことだったのか、とラストになってやっとわかる。

町山　何だろうと思いましたよ。

春日　すごい力業《ちからわざ》の脚本ですよね。でも雷蔵がやるとなんとなく……。

町山　説得力がある。陰影が深くて、すごくニューロティックで複雑なキャラクターに見えるから。

致命的な欠陥から逆算

春日　雷蔵自身と重なる部分でもあります。もともと暗い生まれ育ちがあって。
町山　歌舞伎の家の養子で。
春日　歌舞伎に入ってからもまた養子に出されて、そういう人間不信であったり暗い陰をもっている。しかもこの段階で彼は一度病気になっていて。一九六九年に亡くなりますけども、この段階から最初の体調の悪さが出ているんです。だから思い切った立ち回りがやれないんですよ。
町山　激しいチャンチャンバラバラができない。
春日　雷蔵の場合は下半身が鍛えられない。もともと下半身が弱い人だったので、立ち回りをやるときにどうしてもなよっとなってしまう。それで相撲部屋とかに行って四股《しこ》の訓練もやったんですけど、それでも腰が強くならなかった。
町山　刀で人を斬るときは腰を落とさなきゃいけないといいますね。体重をかけないと骨が切れない、と。

春日　役者の演技表現としても、重心がちゃんと落ちていないと刀の重みが伝わらない。腰が高いと神主がお祓いしてるみたいになっちゃう。

町山　だから侍役は、ただ歩くときも腰を落とさないとリアルに見えない。

春日　雷蔵の場合は特にそれができない人でした。でも、『斬る』ではそれをカバーするために刀の構えをちょっと変わった形にしています。『眠狂四郎』はその究極ですけど、円月殺法といって刀を円月に回していく。あれはもともと、雷蔵が激しい立ち回りができないのであみ出された型でした。雷蔵は動けないかわりに立ち姿は美しい。だから美しい立ち姿のまま、刀だけを回させる、そして一刀で倒す。この『斬る』でもそんなに激しい立ち回りは実はやってなくて、むしろ美しさを強調しています。

町山　非常に珍しい構え。弓を引くように、左手を相手のほうにまっすぐ差し出し、刀を持った右手を自分のほうに引いて、いきなり喉を突き刺す。

春日　最後に梅の木を持ったりしています。ああいう美しさが、雷蔵の立ち姿のもつ美しさで、それを三隅監督も活かしていこうと。そういう考え方で『斬る』はできていると思いますね。

町山　『斬る』の映画史的にいちばん有名なシーンは川原での対決です。また変な構えをして、刀を地面に突き刺した形から斬り上げるんですけど、相手がまっ二つになってペロペロペロって一刀両断になるんですよね。

春日　やりたかったんでしょうね。ただ後の『子連れ狼』まではできるだけそういうのは避けてきた人でもあるから、この時期では『斬る』だけそういうことをやっているのは、どういうことだったのかなというのは気になります。

決闘シーンのアップ

町山　三隅監督の映画は決闘シーンが多いですね。『眠狂四郎』も『座頭市』も。対峙した二人のアップの切り返しを繋いでいく。

春日　それについて『剣鬼』で言おうかなと思ってたんですけど、三隅さんの殺陣の演出の特徴ですごく大きなことがあって。それはアップの積み重ねなんですよね。向かい合うと、お互いの表情のアップをまず映して、それとともに必ず刀を抜く手許《てもと》のアップを入れるんですよ。普通は引きの画でサッと抜かせちゃうところを、鯉口《こいぐち》を切るところで一カット、刀を抜くところで一カット、というのを必ず入れるんです。

町山　刀の鞘《さや》は入口のところがきつくなってるので、まず親指で鍔《つば》を弾くんですね。そのアップが入る。

春日　それから抜いた後、構えたときも、構えている人間の前にその構えている刀のアップを必ず入れる。

町山　カメラのセッティングをいちいち変えてるんですか？

春日　いちいちやってます。

町山　カメラと照明と俳優の位置を全部決めるのをセッティングと言いますが、刀を抜くミドルショット、二人が向かい合っているのを横から撮ったロング、顔のアップ、これだけで三つのセッティングが必要なんですよ。で、一つのセッティングをやるのに大変な時間がかかる。

春日　三隅組が撮影に時間がかかるのはそれなんですよね。しかもその度に照明を刀にキランと当てますから、ライティング準備にも時間がかかる。

町山　今の映画界はそういうことを全然しないですね。

春日　時間かけませんからね。でも三隅監督はそこまでディテールにこだわる。『座頭市』を三隅監督が撮るときは、敵が近づいたときに座頭市の耳が動くアップを必ず入れるんですよね。

町山　あれは勝新が耳が動かせる特技を活かしてるんですね。

春日　それから、目が見えない座頭市が敵との間合いをいかに計るかというと……。

町山　耳で聞いてるということなんですね。

春日　ですから、そこのワンカットを三隅さんは必ず入れるんです。それがないと座頭市が、なぜ的確なタイミングで居合が抜けるのかわからなくなる。だから三隅さんはアップにこだわる。その一個一個に意味があるんです。

町山　ワンカットの長回しではできない、モンタージュによるドラマティックさですね。

春日　しかも京都は大きな照明器具をたくさん使ってますんで、その準備だけで大変。そしてカットの度に照明の場所を変えます。刀を抜いて構えるまでで、午前の撮影が終わりくらいなのが三隅組です。

町山　相米《そうまい》慎二[*27]監督が緊張感を重視して長回しを多用した頃から日本映画はカットを細かく割らなくなりましたね。リハはかなり長くかかるんだけども、セッティングは一つでいい。

春日　三隅監督は大映の監督の中でもカットが多い。

町山　西部劇の影響もある。

春日　西部劇の影響というのは多分に受けてた人だと思います。

町山　でも、アメリカ映画もあまり細かくカットを割らなくなりましたね。

春日　時代劇もこれがないから寂しいんですよね。すぐ簡単に刀抜いちゃう。

＊27　『セーラー服と機関銃』（'81）『台風クラブ』（'85）など一三本の作品を残す。

町山　セッティングは本当に大変ですからね。現場で、端《はた》から見てると……。
春日　取材してるとそれがわかります。
町山　全然撮影が始まらないんですよね。
春日　観客として見ているだけだと「あのカット欲しいな」と思うんですけど、取材してるときは、粘る監督だと「もういいから撮っちゃおう」「そのカットもう要らないよ」って思っちゃう。疲れてきて。
町山　根気の勝負。
春日　ただ、そのほうが間違いなく作品としては良くなる。三隅監督はプログラムピクチャーの低予算作品でも、そうやってこだわって撮ってた人なわけですよね。

『剣』

三島文学の映画化　市川崑の場合と三隅研次の場合

町山　次は『剣』('64)。これは現代劇。

春日　これは三島由紀夫原作の……青春映画と言っちゃいましょう。

町山　中編小説が原作。

春日　大学の剣道部を舞台にして、剣道にストイックに打ち込んでいる男が挫折をしていく話です。この作品が面白いのは、大映京都撮影所で雷蔵・三島由紀夫という組み合わせ。同じ座組ではその前に『炎上』があるわけです。三島の『金閣寺』を映像化しています。これは僕の推論なんですけど、これは本当は市川崑にやらせたかった企画じゃないのかなという匂いが、冒頭を見てるとちょっとしてくる。

町山　三隅作品としては現代の文芸作品は珍しい。

春日　一九六四年と考えると、市川崑はこの年に大映を離れて『東京オリンピック』をつくるわけです。そう考えると、市川崑が離れてしまったために急遽三隅さんを入れたんじゃないかと。冒頭のタイトルバックを見てるとお洒落なんですよね。

町山　超モダン。

春日　白と黒の画面になって、横文字でタイトルが出て、左側にずっと「ＫＥＮ」という文字が入りつづけてる。このお洒落さは市川崑のセンス。

町山　ですね。

春日　三隅研次のセンスでは明らかにない。

町山　モダニズムとは遠い人。

春日　ドメスティックな時代劇をつくっていた人ですから。

町山　『剣』は、まるでヌーヴェルヴァーグ、というか、その元になった太陽族映画のようなスタイルで始まる。

春日　ただ、市川崑との大きな違いがあって。市川崑は『炎上』をつくったときに徹底して三島由紀夫の原作を解体していくわけです。

町山　原作の、金閣寺に対する過剰な思い入れを相対化してますね。

春日　乾いたタッチで。最終的に青年が金閣寺を火で燃やすわけですけど、その理由を理論的にプロファイリングしています。

町山　三島由紀夫は「美のために死ねる」と思い込む熱きロマンチスト。ところが市川さんは逆。

春日　モダニストですから。

町山　金閣寺放火犯を冷ややかに突き放して分析したのが『炎上』という映画。

春日　この『剣』はその逆で、原作の異常さをそのままに描いていて、主人公は冒頭シーンからいきなり狂気の中にいる。「俺は剣道に命を捧げる」と。それに対して何の疑いももたずに最後まで突き進んでいく。感情移入のポイントを全くつくってないんですよね。

このつくり方は凄まじいなと思います。

町山　『剣』で三隅監督は完全に主人公、つまり三島由紀夫に入りきって、彼らの理論をまったく疑わずに撮ってるから、一般的な観客にとってはカルトの演説みたいな映画になっているわけですね。

黒光りする顔

町山　剣道部の部長が市川雷蔵。顔、時代劇の青白い雷蔵と違って黒光りしてる。

春日　時代劇のメイクをとった雷蔵というのは、つるんとした普通のお兄さんの顔になる。そこをうまく利用している作品だとは思います。ドーランを濃く塗ったところに強いライトを当てて顔が黒光りする感じは三隅監督と牧浦地志カメラマンのコンビならではですね。この手法は後の『子連れ狼』で本格化します。顔のアップがバーンと入って、汗が出て。次のカットでぎらぎらした太陽。これがもうね、『子連れ狼』好きからしたら「きたきた！」と。

町山　『子連れ狼』では太陽がよく映るんですよ。

春日　ぎらぎらした太陽で人間のアップになると、まあ顔がテカる。

町山　しかも汗が玉のように出てて、ドーランで顔が黒光りしてる。

春日　三人も四人も出てると顔がテッカテカで、見てると大変なことになる。

町山　あれはマカロニの影響かと思ってたけど、この頃からやってるんだ。

春日　この頃からやってるので、これはたぶん牧浦カメラマンと三隅監督でつくった一つの美学だとは思うんですよ。それから異常な心理を描いていくときの牧浦三隅コンビの特徴が出ているのが、アップ。キーになる台詞を言うとき、極端なアップで喋らせてるんですよね。アップすぎるから、さらに異常に見えてくる。客観的な視点となる引きのショットをまったく入れずに、アップを繋いでいく。これは『子連れ狼』にもあります。

町山　セルジオ・レオーネ[*28]がこの繋ぎ方の名手だけど、レオーネの『荒野の用心棒』は一九六五年一二月日本公開で『剣』は六四年三月公開だから、こっちが早い。

春日　アップで喋らせることですごく異常な熱気のある世界にしていくというやり方は、実はこの牧浦三隅コンビはもうやっているんですよね。

町山　今はズームレンズがあるから、クローズアップは同じセッティングでズームすればいいだろという人が多いでしょうけど、当時はアップはセッティングを変えないとならなかった。

春日　それだけアップを使うということには演出的な意味があった時代でした。

町山　そうですね。アップを長い玉（望遠レンズ）で撮ると、背景のピントが全部飛ぶ。後ろの背景がなくなるので、すごく強烈に、その人の内面が観客に押しつけられるわけです。

剣ＶＳセックス

町山　『剣』のあらすじを説明すると、明らかに東大らしき名門大学で剣道部の主将をしているのが市川雷蔵。現代に本気で剣の道を極めようと思っている。

春日　時代を間違えちゃった人ですね。

町山　それに対して、「剣道なんてたかがスポーツ」と言ってるのが川津祐介[*29]なんですね。彼自身も腕は立つんですけど「武士道みたいな精神論はいらないよ」と、主人公に反発してる。その対立がエスカレートして、「あいつは武士道だと言ってるけど、所詮は欲望のある普通の男なんだ。女で誘惑してやれ」という話になってくるんですよ。そこで主人公は美人の藤由紀子[*30]とたまたま出会って、ちょっと好きになっちゃって、という話。だから剣ＶＳセックスの葛藤がテーマですね。

＊28　イタリアの映画監督。『荒野の用心棒』（'64）『ワンス・アポン・ア・タイム・イン・アメリカ』（'84）など。

＊29　松竹で『青春残酷物語』（'60）などに出演後フリーに。『ザ・ガードマン』（'65～'71）など。

春日　そこで現代の視点だったら、どこかで主人公に対する否定的な目が入って川津祐介側に立つわけですけど、それが一切ないんですよね。とにかく雷蔵側が正しいのだと。むしろ川津祐介側がどこか雷蔵に惹かれていくというか、「あいつに勝てない俺がいる」と。

町山　川津が言ってましたね。

春日　それがあるから余計に堕としたいみたいな感じになって。どっちかっていうと川津祐介のほうが『炎上』で金閣寺を燃やした青年に近い。

町山　そうですね！「金閣寺が美しすぎるから燃やした」というのは三島由紀夫の解釈で、実際の放火の動機とは違うんですけどね。『剣』は、現代で武士道を極めようとする市川雷蔵があまりにも完璧で美しすぎるから、川津祐介がそれを汚そうとする。

春日　三島由紀夫の世界を、市川崑が徹底的に解体したとしたら、本作はそのまま直輸入してきた。

町山　三隅研次は三島由紀夫を完全に憑依させちゃってるんですよ。

牧浦カメラマンとの相性

春日　それをうまくやっているのは牧浦カメラマンとの相性もあると思います。とにかくアップをバンバン撮っていく。それも喋っている人間の顔のアップを。あれは大映の他のカメラマンたちからすると照れくさい撮り方なんですよ。画《え》としての美しさや構図の意外性を尊ぶカメラマンが多いですから。でも牧浦カメラマンは監督のオーダーに合わせてわかりやすくつくれる人なので、喋ってる人の顔を撮る。それで余計に異常な世界に映っているように思えます。これをスタイリッシュに撮ったらかえって異常さが消えちゃいます。あそこまで愚直に撮ってるからこそ、主人公の愚直さと撮ってる牧浦カメラマンや三隅監督の愚直さが一致していってる感じもある。映像に遊びがないんですよね。それに市川雷蔵の芝居も遊びがない。本当に遊びがない映画になっていて、どんどん閉塞感が高まる。

町山　市川雷蔵が武士道を語るとき、ドーンとアップにする。もし市川崑だったら絶対に引きで撮る。で、〝こいつ馬鹿なこと言ってると思わない？　現代だよ？〟みたいに客観的に撮るはずです。

春日　斜め上くらいから撮ったり。

町山　そうそう。ちょっと上から目線でね。何が武士道だと、今は皆ロック聴いて酒飲んでスポーツカー飛ばしてるのによ、っていう感じで市川崑監督は撮るでしょう。ところが

＊30　松竹で『永遠の人』（'61）などに出演後、大映に移籍。『黒』シリーズ（'63～'64）で共演した田宮二郎と結婚、引退。

三隅監督は「この人の言うことは正しいぞ、聞け！」という撮り方。
春日　宗教ビデオみたいな感じで、演説をドワーン！というアップで撮るんですよね。語りたいテーマと撮りたい映像が一致していることへの喜びが伝わってきます。
町山　『剣』を最初に見たとき、怖かったですね。三隅研次監督は時代劇だから剣を撮ってたのかと思ってたら、この映画では本気で剣を信じてるみたいで。
春日　市川崑的なモダニズム的インテリジェンスをもってる人ではないんですよね。やっぱり職人的な人で、こういう脚本が上がってきました、となったら、もうそのままやっちゃえという。
町山　三島由紀夫はこの映画がすごく好きだったんです。三島の思想をストレートに表現してますね。

『剣』では三島由紀夫の〝魂〟が描かれている！

春日　三島由紀夫の世界にしか見えないですもんね。だから市川雷蔵も三島由紀夫に見えてきます。
町山　だからね、この現代に武士道とか言っても誰もついてこないんですよ。剣道部で合宿に行くんですけど、地獄の合宿なんです。

春日　「一日目、二日目、三日目まではつらいかもしれないが、四日目からは慣れる」という。三日目までどうするんだよ！と。で、やっぱり皆、三日目まで地獄を見る。
町山　最初はもう疲労でご飯も食べられない。
春日　オエエエと吐く場面もありますしね。
町山　「みんな吐くけど慣れるから！」とか言って。
春日　「慣れるから！」と。ずっと炎天下の中、腕立て伏せするシーンがまた長いんですよ。下からの煽《あお》りで撮っていて、被写体である顔がカメラに近づいて。
町山　汗びっしょり。
春日　その必死でストイックな雷蔵がかっこいい、という撮り方。
町山　剣道部が合宿でボロボロになっているところに、美人の姉ちゃんがロックか何かかけながらオープンのスポーツカーでバーンと遊びに来る。「何してんの、みんな！」みたいな感じでね。
春日　で、最後は「海行こうぜ！」と。
町山　海水浴場の近くで合宿してるんだけど、「誘惑に負けて海に入ったらだめだ」と雷蔵が海水浴を禁止する。
春日　「海を忘れろ！」みたいに言ってましたからね。

町山　目の前にあるのに！

春日　じゃあ海岸で合宿するなよ！と思っちゃいますけど。

町山　「山でやれよ！」と。

春日　でも雷蔵が剣道部の監督を迎えに駅に行って留守にしたときに、川津祐介の現代的な男が皆を……。

町山　川津祐介は何とか皆を誘惑して市川雷蔵の武士道を破壊しようとする。で、海に部員を連れて行っちゃう。

春日　で、最終的に雷蔵は反省してしまう。俺は負けたんだ、武士道は海に負けてしまったんだ、と。

町山　それで皆が海水浴に行っちゃって、雷蔵は自殺しちゃうんですよ。

春日　その責任をとって。

町山　死ぬことねえだろ！って思いますけど。

三島の自殺そのもの

春日　ほんと、三島の異常なものを異常なまま描いてる。まったく独自の解釈を入れずに。

町山　普通の映画だったら客観的なツッコミが入るはずです。「そんなことで死ぬなよ！」と。

春日　市川崑の『炎上』の場合、主人公が死にますけど、引きの画でゴミみたいな感じで主人公の死体が転がっているところに警官が来て終わる。そうやって主人公の死を客観的にとらえてるんですけど、三隅はそうじゃないですよね。葬式のシーンでは海に行った奴らが反省している。

町山　反省して泣きながら、「やっぱり正しかったのは市川雷蔵だったんだ！」って言うんですよ。

春日「あいつのことを理解できなかった、俺たちは！」ってね。

町山　川津祐介は「俺は負けたんだ！」と言うんですけど、いや、それはないよと思うよね。

春日　狂気というものを徹底して突き詰めていって、そのまま描いちゃった。三島の小説をそのまま描いたら恐ろしい話になるなと思わされましたね。

町山　この話自体が三島の割腹自殺そのものですからね。

春日　現代というものと戦い、負けていった男。

町山　現代に対して武士道を掲げたら誰もついてこなくて、くやしくて自殺する。そんな三島由紀夫の自殺の心理的予行演習みたいな小説をそのまま映画化しちゃった、恐ろしい作品。

春日　出演は『炎上』と『剣』の二作だけですけど、雷蔵は三島作品を描くのにぴったりの存在だったのかもしれませんね。何も穢《けが》れがない純粋な雰囲気。現代劇になると本当につるんとした顔になりますから。

町山　少年みたいな。

春日　顔にも特徴がないし、喩えが正しいかわからないですけど、思想に純粋に傾倒していった青年という雰囲気をもってますので、それがうまくはまったんだろうなって。

『剣』は三島から石原慎太郎への宣戦布告!?

町山　ちょっと原作小説の話をしたいんですけど、僕は、これは石原慎太郎に対する戦いだと思うんですよ。

春日　ほーっ！

町山　だって「海行ってチャラチャラしようぜぇ」「スポーツカーに乗ろうぜぇ」「女の子やっちゃおうぜぇ」って全部、慎太郎の太陽族小説でしょ。市川雷蔵と川津祐介の論争も、三島由紀夫と石原慎太郎の対談そのものなんですよ。三島由紀夫に「天皇陛下万歳と言ってくれ」と言われた慎太郎が「言えねえな。俺は俺以外の人間を絶対に崇拝しない」と拒否するんです。すると、三島は「私は今ここに真剣を持ってきている」って、慎太郎を斬ろうとするんですよ！

春日　一九六四年ですから、まさにその二人がバリバリだったときですからね。

町山　慎太郎の太陽族小説は『処刑の部屋』が五六年に大映で映画化されてます。市川崑監督作品で。これが『剣』とよく似た話なんです。名門大学で、パー券を売って稼いでるチャラい学生たちの話なんですが、主役は川口浩[*31]で、彼には不良の先輩がいて、その先輩はチャラいんだけど、喧嘩もめちゃくちゃ強くて、女にもモテて、いわば軟派界のヒーローなんです。そんな先輩を川口浩はすごく信奉して尊敬してるんですね。ところがある日、先輩が「若いうちは俺もワルだったけど、そろそろやめる」と言い出す。川口浩は「そんなの先輩じゃないですよ」と言うんだけど、先輩は「誰でも大人になるんだよ」と取り合ってくれない。川口浩は悔しくて、先輩を奮い立たせるためにチンピラに密告して先輩を売るんですよ。で、「先輩、戦ってくれ。昔みたいに戦ってくれ」と思いながら見てるんだけど、先輩はやくざに「悪かったな」と喧嘩しないで金で解決してしまう。それで失望した川口浩はそのチンピラのところに行ってわざとリンチされる。あまりに悔しいから自分を痛めつける、という歪んだBL映画なんです。『剣』の川津祐介とよく似ているでし

＊31　大映現代劇の若手スター。のちテレビで活躍。『川口浩探検隊』シリーズ（'78〜'85）が特に有名。

ょう。
春日　そうですね。それを剣道部で描くか、現代の軟派社会で描くかの違いですもんね。
町山　すごいカリスマがいて、そいつに憧れている男が、そのカリスマを試そうとする。『処刑の部屋』は軟派な不良の話ですが、それを剣道にまとめたのが『剣』ではないかと。
春日　対極的ですね。その間に市川崑という存在がいて、彼は三島の世界を『炎上』で批判的に脚色している。この構図、面白いですね。
町山　『処刑の部屋』も『剣』もどうかしていて面白いですが、あんまりハマると自分もおかしくなってくるから気をつけないと。
春日　自分が囚われちゃう怖さがありますね。客観性いらねえんだよって。
町山　三島と慎太郎の幻魔大戦に巻き込まれていく。

『剣鬼』

三隅作品の集大成

町山　さて、『剣』三部作の最終作の『剣鬼』（'65）。これは傑作。
春日　これは本当にすごい。
町山　ものすごく美しく、そして悲しい。
春日　三本の中でおそらく三隅監督がいちばんやりたかったのはこれなんだろうなという気がします。三隅映画の集大成としていちばんやりたいものが詰まった映画。
町山　詩的で。
春日　叙情的で、それでいながら剣の怖さや狂気が描かれているし、苦悩する市川雷蔵の姿も描かれて、人間ドラマとしても凝縮されているという。
町山　昔、白井佳夫さんがテレビでやっていた『日本映画名作劇場』で初めて見たんですけど、なんて美しい映画だろうとびっくりしました。
春日　状況的に言うと、この二年前、一九六三年に市川雷蔵は『眠狂四郎』シリーズをスタートさせるわけです。そしてシリーズを追うごとに『眠狂四郎』がだんだんエログロ路線になっていって、雷蔵のダークな魅力が新たに開花する。一方で三隅研次と牧浦地志のコンビネーションは『剣』でバッチリ合った。それでダーク時代劇をやる上で完璧な状況ができあがっていた。スタッフ側にいいのがいる。それから雷蔵も暗黒の色をどんどんまとってきた。『剣鬼』というのはそこがばっちり合って集大成になってます。だから作品世界の異様さというのか——。

町山　説明したほうがいいですね。

異様なストーリー

町山　まず、市川雷蔵の主人公のお母さんが……大奥だっけ？

春日　大奥ですね。

町山　男子禁制の大奥にもかかわらず妊娠しちゃう。映画の中では誰が父親なのか解説されない。

春日　噂話だけ広まっているという。

町山　東映のピンク時代劇だと、トイレに隠れてる男が犯人ですけど、この話だと、犬の子じゃないかと言われる。

春日　それで蔑《さげす》まれていく。

町山　ひどく差別されて育った雷蔵は、地方のお城のお殿様に仕えてる、本当に一番下級の……武士ですらない身分。
春日　郷士みたいなものですね。雷蔵は育ての親が死んだときに「お前、出世するために何か一芸を持て」と言われて、それで花を育てる名人になっていく。
町山　花を愛する優しい男だった。
春日　それで取り立てられて、殿様のために花畑を城の中につくる。ところが、ある事件で、殿様に取り立てられます。
町山　お殿様は戸浦六宏《ろっこう》[*32]。目の下にやたら線のある俳優の一人。
春日　やばい目の人たち。
町山　山本麟一[*33]とか、白土三平のマンガに出てくる悪役の顔。その戸浦六宏が馬攻めというのをやるんですよ。馬を突発的に走らせる。それを雷蔵は足で走って追いかける。
春日　要するに犬の子と言われてるくらいなので、足が速いという設定なんです。とてつもなく足が速い。

＊32　個性的な悪役として活躍。『絞死刑』（'68）『儀式』（'71）など大島渚監督作品の常連。
＊33　六〇年代後半から『昭和残侠伝』『網走番外地』シリーズなどで強烈な悪役を演じた。

町山　馬に追いついちゃう。その足の速さを買われて取り立てられる。

春日　でも実は、その殿様が……しかも……あ、この表現はしちゃいけないんですよね。

町山　精神に異常がある。

春日　今、普通に言いそうになっちゃいました。何の説明もなく、いきなり刀を抜いてワーワー暴れてる。

町山　人をいきなり斬り殺しちゃう。

春日　これが幕府に知られると藩が取り潰されてしまうというので、藩士たちはどうしていくかというのがメインな話です。

町山　その殿様の精神異常を隠そうとする守旧派と、事実を江戸に知らせようとする改革派のスパイ合戦みたいになっていく。秘密を守ろうとする悪魔のような男が佐藤慶。*34 佐藤慶も同じ目。まあ、大島渚映画の常連はみんなこの目。爬虫類系の人たちですね。

春日　佐藤慶の三白眼を見ていると、感情がないんじゃないかっていう気になります。彼に言われるがままに市川雷蔵は反対派を暗殺していく。

町山　江戸に密告しに行こうとする者を殺せ、江戸から来ている隠密、ＦＢＩみたいなものですね、それも全部殺せと、佐藤慶が命じる。で、人斬りにされて完全に守旧派側、体制側の殺人者となっていく。

春日　もともと花を愛する心の優しい男が、悪魔のような佐藤慶によって人斬りに仕立て上げられていくという悲劇なんですね。

町山　彼の優しい心は姿美千子《みちこ》＊35のヒロインだけが知っている。彼女、可愛いですね。アイドル系。

春日　可愛いですね。これまでいろんな男がどんどん言い寄ってくるという。

町山　雷蔵はそいつらも殺しちゃう。

春日　とにかく片っ端から殺してますからね、この作品の雷蔵は。

町山　すっごい殺してるんだよね。

春日　十何人とか言ってましたね。

かっこいい師匠

春日　剣の師匠との出会い方がいいんですよ。

＊34　俳優座出身。『青春残酷物語』（'60）以降、大島渚監督作品に多く出演。存在感のある冷徹な悪役などを演じた。

＊35　大映で数多くの青春映画の他『眠狂四郎炎情剣』（'65）『鉄砲犬』（'65）などに出演。

町山　めちゃくちゃいい！

春日　師匠が居合の稽古を荒野でやってたら、それをたまたま主人公の雷蔵が目撃しちゃう。「どうすればこんなに早く居合ができるんですか。私は剣の稽古もしたことがない」「見てればいいんだよ」。ここの三隅研次の演出がノリノリ。居合斬りって一瞬の出来事なので、本来ならサッと斬って終わりですけど、その「サッ」に何カット使ってるんだっていう。刀を手に持つ、抜く、構える、振り下ろす、そして戻す。それを全部カット割ってやってますから。三隅研次がノッてるかわかるのってここなんですよね。刀のシーンでカメラを割ってたら、三隅監督がノッてる証《あかし》です。

町山　居合は、剣道みたいに構えた状態から戦うんじゃなくて、完全に鞘に納めた状態から抜いて斬って鞘に納める。それを本当にかっこよく撮ってますね。

春日　そして師匠が雷蔵にその居合を教えるというか見せていくんですよね。それでだんだん目が変わってきたので「お前はもうマスターした」と。

町山　何も教えてないのに！

春日　ところがその剣の師匠が実は幕府の隠密だった。

町山　殺しの師匠が殺すべき相手だった。で、その師匠は雷蔵に斬られて「お前に殺されるなら本望だ。よく俺の技を身につけた」と笑顔で死んでいく。

ったお前の剣なら、

のシーンですね。

春日　あの台詞ってすげえかっこいいなって。星川清司[*36]という脚本家はそういう捻《ひね》った台詞をつくるのが上手い人なんです。

町山　あと、もう一人、雷蔵を狙う男が出てきて。

春日　五味龍太郎[*37]ですね。

町山　彼が「今までずっとお前の剣を見てきた」と言います。ずっと陰から市川雷蔵の剣

＊36　『新選組始末記』（'63）『眠狂四郎』シリーズなど、雷蔵、三隅との仕事で知られる。八九年には小説『小伝抄』で直木賞。

＊37　大映作品に欠かせない悪役。七〇年代以降は、主にテレビ時代劇で活躍。

を見てきた。「ようやくそれを破る技を身につけた。よしやるぞ」でも、すぐ負けた（笑）。

春日 一刀両断でね。もうちょっと欲しいですよね。

町山 がっかり。

春日 これは完全に余談ですが。五味龍太郎で思い出したんですけど、大映京都撮影所の跡地の近くでタクシーに乗ったんですけど、そのときに運転手さんに「五味龍太郎さんの親戚ですか」と言われたことがあります。

町山 ええ！

春日 「似てますよね」って。

町山 ああ、鼻とか。

春日 当時はもうちょっと目がくりくりしてて髭がなかった時代なので。「ありがとうございます」と言ったら、「実は私、五味さんと仲良くてね。五味さんがやってるスナックが近くなので、もしよかったら行きませんか」って。

町山 行ったの？

春日 いやいや、東京に戻る途中だったので行けなかったんですけど。「五味さんね、この間、店出しましたから、ぜひいらしてください」って言ってました。急に思い出しました。どうでもいい話です。

町山　五味龍太郎さんって、いかにも時代劇に出てくる顔。
春日　さいとう・たかをのマンガそのものの顔をしてますからね。
町山　見ると一発でわかりますよ。岸田森とかね。
春日　彼も顔が劇画ですね。
町山　爬虫類系俳優。
春日　三隅監督って役者の集中力をもっていくのが上手いんですよ。ものすごく時間をかけて演技指導をします。藤村志保がデビューしたときは、階段の上がり下りの動きが気に入らないというので、半日上げ下ろしをさせましたからね。足がぱんぱんになってもやったという。『必殺』でも三隅監督がやると立ち回りとか、とにかく徹夜、徹夜。なぜ徹夜になったかというと、役者への演技指導が凄まじかったから。カット割りの細かさもあるので時間がかかったというのもあるんですけど、それプラス役者の表情一つ一つにものすごく注文を言っていたそうです。

三隅研次の刀へのこだわり

町山　小道具の使い方が上手い。雷蔵が使うのが呪われた刀で。『剣鬼』の刀はなぜ呪われてるんだっけ？

春日　その刀は、これまで処刑をしてきた刀を供養のため置いておく場所にある。切腹したり首を刎《は》ねた刀を、誰も使いたがらないから捨てる。それが全部一カ所に集まってるから、異常な怨念を放ってる霊的スポットになってて、刀も呪われているという。そこに主人公の雷蔵がやって来て、その刀を抜いてしまう……。

町山　手塚治虫さんが『どろろ』で影響を受けてるなあと。妖刀に取り憑かれた男のエピソード。

春日　この呪われた刀に雷蔵が初めて出会うシーン、三隅研次の演出がノリノリなんですよね。刀を見る雷蔵のアップ、刀の光に照らされて雷蔵の目の周りが輝いてる。刀の光で目がぎらぎら光ってる。三隅研次らしい狂気のアップです。

町山　何百人もの人の首を斬ってきた妖刀に魅入られる。

春日　三隅監督には刀に対するフェティシズムもありました。刀を撮ってる撮り方と女体を撮ってる撮り方が、同じ感覚なような気がするんです。さっき話した万里昌代の汗が染みついて濡れている感じと、刀を抜いて刀に水をかけて光る感じとが、同じような愛《め》で方で撮られています。あるいは雷蔵が刀を見てにこっと笑う。あれは女体を見てにやっと笑うのと同じような笑い方。刀にフェティシズムを三隅は感じていたと思わざるをえないくらい、すごくエロティックに撮ってます。

町山　光が刃を柄《つか》のほうから先端に向かって走っていくショット。

春日　あのへんって、「見てよ刀！　刀かっこいいでしょ！」っていう、刀への強い愛情を感じます。

町山　（マンガ家の）日野日出志《ひでし》先生みたいに自宅で日本刀を振ってたりしなかったのかな。

春日　振るよりも眺めてたかったんじゃないですかね。刀の美術館とかで最高の照明の環境で刀を見て、「はぁ……」とうっとり眺める、みたいな。「俺なりの気持ちいい刀の撮り方」とか「照明の当て方」とかそういうところで考えたような気がしているんです。刀を撮ってるときが三隅監督はいちばんノッてますもんね。どうしたら刀が美しく映るかというのを徹底的に研究した監督だったと思います。

かっこよさと叙情と……

春日　『剣鬼』っていろんなかっこいい要素がいっぱい入ってる。立ち回りのシーン、最後は本当に叙情的というか、自分がつくった花に囲まれて戦う。

町山　夢のお花畑が完成してる。一面見渡す限り花なんですよ。

春日　そこに刺客が殺すために十何人、騙し討ちで現れるわけですよ。それと戦わないといけない。そして花の中で戦っていく。

町山　美しい花が咲き乱れる中で、斬って斬って斬りまくる。

春日　そして最終的に自分も……ということになっていく。ここが三隅監督が描きたかった世界そのものじゃないかなって思います。どこか極端なこともやりたい人だし、そのための極彩色な色合いもやりたいけど、基本的に叙情的なのが本分な人だから、それが合わさるとあの花畑の決闘になる。叙情的でありながら……。

町山　バイオレンス自体はちゃんと描いていてね。素晴らしいです。

春日　この後の三隅研次は『子連れ狼』に向かっていくわけですけど、その手前にある叙情感をまだ残していた頃の三隅研次の頂点として、この作品や立ち回りはあるんじゃないかなと思うんです。

町山　あと、一人で大量に斬っていくというのを『子連れ狼　死に風に向う乳母車』（'72）でやってますけど、あれ、二〇〇人くらい斬ってる？

春日　むちゃくちゃ斬ってますね。

町山　それの原点ですよね。

春日　しかもそれをやっているのが雷蔵という、バサバサと一気に斬るのがあまり上手くない人ですからね。だからうまくショットはごまかしているんですね。

町山　そうなんですか、やっぱり。

春日　アップ撮ったりとか引きの画とかで。若山富三郎だと殺陣が上手いですから、ある程度ワンカットでがんがんやれますけど、雷蔵はそれができないんですよ。それは逆に三隅さんとしてはカットを割ってアップで撮れるから楽しかったんじゃないですかね。雷蔵って表情で斬る人なんです。斬るところはスタントにやらせたりして、残りの表情で迫力をアップで出す。その点も含めて、三隅さんみたいにカットを割りたい人は楽しくやれたんじゃないのかなという気がします。そこにナメで花を入れてきたりできますから、本当にわくわくしながら撮ってるというのがこっちに伝わってきます。

町山　またカラーが美しい。花畑でのバイオレンスというのは、黒澤明監督が『野良犬』(49)という映画のクライマックスで刑事と拳銃を盗んだ男との対決を花畑の中でやっていますが、それはモノクロでしたからね。こっちは色が美しいだけじゃなくて、花畑の中で人を斬っていきながら、市川雷蔵は花畑の中に消えていくんです。

春日　なんかもう、儚いですよね。雷蔵ならではです。生命感がない人ですから。

町山　美しい顔だし。

春日　花畑の中で生命感のある人がやると、それこそ若山兄弟とか……。

町山　花畑と若山富三郎は似合わないねえ！　勝新も花よりは団子とかですね。

春日　そういうことなんですよ。生命感が強すぎるので。これは雷蔵だからこそです。

町山　本当に『剣鬼』は傑作。このファンタジックなラストはシナリオライターの力ですかね。

春日　そうですね。あと今回は照明に山下礼二郎が入っていて、この人が陰影の濃い照明が上手い人ですから、その照明の見事さもあります。牧浦・山下コンビはこのまま『子連れ狼』に行きますから、その最高のメンバーが集まってますね。

町山　『剣鬼』は日本の時代劇の中である美学の頂点に達した映画ですね。

春日　本当に美しいですよね。

町山　この、咲き乱れる花の中での斬り合いは、『ウルトラセブン』（'67～'68）にも影響を与えてると思うんですよ。「超兵器R1号」で、ウルトラセブンがギエロン星獣を殺すとき、咲き乱れる花の中、アイスラッガーで星獣の喉を掻き切るんです。ウルトラセブンのやるせなさが胸を打つ戦いでした。で、ギエロン星獣も三白眼で目の下に隈《くま》が濃いんですよ！

第四章

『子連れ狼』シリーズ――血しぶき父子 冥府魔道

★小池一雄原作、小島剛夕作画の劇画を若山富三郎主演で映画化したシリーズ。全六作。妻も職も全てを奪った柳生一族への復讐を胸に、拝一刀・大五郎父子は安住なき刺客稼業の旅を続ける。

①子連れ狼　子を貸し腕貸しつかまつる

公一九七二年一月一五日 製勝プロダクション 配東宝 時九五分
監三隅研次 脚小池一雄 原小池一雄、小島剛夕 製勝新太郎、松原久晴 撮牧浦地志 美内藤昭 音桜井英顕 録林土太郎 照美間博 編谷口登司夫 出若山富三郎（拝一刀）／渡辺文雄（柳生備前守）／露口茂（柳生蔵人）／内田朝雄（杉戸監物）／真山知子（お仙）／富川晶宏（拝大五郎）／伊藤雄之助（柳生烈堂）

②子連れ狼　三途の川の乳母車

公一九七二年四月二二日 製勝プロダクション 配東宝 時八五分
監三隅研次 脚小池一雄 原小池一雄、小島剛夕 製勝新太郎、松原久晴 撮牧浦地志 美内藤昭 音桜井英顕 録林土太郎 照美間博 編谷口登司夫 出若山富三郎（拝一刀）／松尾嘉代（柳生鞘香）／大木実（左弁馬）／新田昌玄（左天馬）／岸田森（左来馬）／富川晶宏（大五郎）

③子連れ狼　死に風に向う乳母車

公一九七二年九月二日 製勝プロダクション 配東宝 時八九分

【監】三隅研次【脚】小池一雄【原】小池一雄、小島剛夕【製】勝新太郎、松原久晴【撮】牧浦地志【美】西岡善信【音】桜井英顕【録】林土太郎【照】美間博【編】谷口登司夫【出】若山富三郎（拝一刀）／浜木綿子（西蔵）／山形勲（猿渡玄蕃）／浜村純（三浦帯刀）／草野大悟（朽木六兵衛）／富川晶宏（大五郎）／加藤剛（孫村官兵衛）

④子連れ狼　親の心子の心

【公】一九七二年一二月三〇日【製】勝プロダクション【配】東宝【時】一〇八分

【監】齋藤武市【脚】小池一雄【原】小池一雄、小島剛夕【製】若山富三郎、松原久晴【撮】宮川一夫【美】下石坂成典【音】桜井英顕【録】林土太郎【照】中岡源権【編】谷口登司夫【出】若山富三郎（拝一刀）／林与一（軍兵衛）／東三千（お雪）／富川晶宏（大五郎）／岸田森（孤塚円記）／内田朝雄（字之吉）／山村聰（乞胸仁太夫）

⑤子連れ狼　冥府魔道

【公】一九七三年八月一一日【製】勝プロダクション【配】東宝【時】八九分

【監】三隅研次【脚】小池一雄、中村努【原】小池一雄、小島剛夕【製】若山富三郎、真田正典【撮】森田富士郎【美】下石坂成典【音】桜井英顕【録】林土太郎【照】美間博【編】谷口登司夫【出】若山富三郎（拝一刀）／富川晶宏（大五郎）／安田道代（不知火）／大滝秀治（慈恵和上）／加藤嘉（黒田斉隆）／山城新伍（小石勘兵衛）／大木実（柳生烈堂）

⑥子連れ狼　地獄へ行くぞ！大五郎

㊜一九七四年四月二四日 ㊗勝プロダクション 配東宝 時八四分

監黒田義之 脚中村努 原小池一雄、小島剛夕 製若山富三郎、真田正典 撮牧浦地志 美内藤昭 音村井邦彦 録林土太郎 照美間博 編谷口登司夫 出若山富三郎（拝一刀）／富川晶宏（大五郎）／大木実（柳生烈堂）／瞳順子（柳生香織）／木村功（土蜘蛛兵衛）

若山富三郎の直談判

町山　『子連れ狼』、これはまず大ヒット劇画でした。一九七〇年から『漫画アクション』という双葉社の青年マンガ誌に連載されまして。原作の小池一夫さんは、発想の元は『座頭市』だと言ってますよね、本人が。

春日　そうなんですか。それ知らなかった。

町山　『座頭市血笑旅』（'64三隅研次監督）がヒントだったそうです。[*1]

春日　座頭市が赤ちゃんを連れて旅する映画。それで勝新のところで映画化になったと。

町山　『子連れ狼』は勝プロダクションの作品なんですね。

春日　小池一夫は勝新にやってほしかったというのがあるみたいです。

町山　でも勝新は同じ小池一夫原作の『御用牙』（'72〜'74全三作）を映画化しちゃうから。

春日　いや、違うんです。もっと前です。

町山　もっと前？

春日　『子連れ狼』の原作をまず若山富三郎[*2]が大好きだったんですよ。公開前に『キネマ旬報』の記事にありましたけど（七一年一二月下旬号）、原作がスタートしたときからこの

*1　『座頭市』『悪名』『兵隊やくざ』シリーズ他に主演し、市川雷蔵と共に大映の屋台骨を支えた。

主人公は俺以外にいないと思ってたって。

町山 拝一刀《おがみいっとう》、研ぎ澄まされたルックスで、若山さんとは全然似てないですよ。

春日 全然似てないです。ただもう若山富三郎はそう言っていて。小池一夫としては、原作の絵のイメージからすると渡哲也[*3]にやってほしかったというのがあって、まず渡のところに持って行ったんだけど、ちょうど病気で受けられなかったというので浮いていたんですよ。そこへ若山富三郎がやってきた。若山さんは役者なんだけど一家を引き連れている人だったので、八名信夫《やなのぶお》[*4]とか志賀勝[*5]とか、役者なんだけど怖い顔の人たちがいるんですけど、その人たちを引き連れて小池一夫の事務所に「俺にやらせろ」と直談判に行ったわけです。けど、小池一夫は「イメージと違う」と。

町山 若山さんは当時、ユーモラスな役が多かったから。

春日 そうですね。東映の『緋牡丹博徒』シリーズ[*6]（'68〜'72）のシルクハットの大親分とか。

町山 『極道』シリーズ（'68〜'74）とかね。

春日 あと太ってますから。甘党でものすごく巨漢。

町山 お酒飲めないんだよね。

春日 お酒飲めなくて甘党で、最後は糖尿で亡くなります。

町山 ああ。

春日　あれは痩せ細った浪人の役。「ちょっと違う」と言ったら、怒り出したわけですよ。「俺が太ってると思ってこれが演じられないと思ってるのか」と言って、小池さんの事務所の窓を開けてベランダでトンボを切り始めた。トンボというのは殺陣《たて》の技術で、きりもみ回転しながら受け身の形で背中で落ちる。バック転の一つ捻《ひね》っている新体操みたいな形ですね。斬られるときに回って倒れますけど、あれ得意なんですよ。舞台で蓮如上人《しょうにん》をやったときも、なぜか蓮如上人が襲われたときにトンボを切って倒れたという。『魔界転生』（'81 深作欣二監督）で最後に斬られるときも回転してる。何度も何度もそれを見せたもので、小池一夫もいろんな感情があったんでしょうけど「わかった」と言ってオーケーを

＊2　『子連れ狼』シリーズ（'72〜'74）の他『極道』シリーズ（'68〜'74）『悪魔の手毬唄』（'77）などに出演。勝新太郎の兄。
＊3　日活の『東京流れ者』（'66）や『無頼』シリーズ（'68〜'69）などでスターに。
＊4　個性的な風貌で悪役として活躍。八三年悪役商会を結成。『居酒屋ゆうれい』（'94）など。著書に『悪役になろうぜ』。
＊5　東映映画で悪役として活躍。ピラニア軍団メンバー。
＊6　藤純子主演の任俠映画シリーズ。若山の熊虎親分が人気となりスピンオフ『シルクハットの大親分』二作（'70）が製作。

出したといいます。ただ、実はこの段階で別の動きがあったんです。テレビ局が小池一夫の意を受けて動いていて、テレビ時代劇でやりたいと。それも勝新でやってほしいと。勝新も原作を読んだら「俺もやりたい」と盛り上がって。それで二人で話し合ったら、若山富三郎が「どうしても自分がやりたい」と。「俺は原作者の了解も取ってるんだ」って。

町山　兄弟で役の取り合い。

春日　そしたら「わかった。お兄ちゃんがやりたいんだったら、俺がプロデューサーになるから。お兄ちゃんがやりなよ」と勝さんが譲ったという流れがあって。それで勝プロダクションで製作、若山富三郎主演になりました。

大手映画会社が入り交じる混沌とした製作体制

春日　これ、座組が変な映画なんです。配給が東宝で、製作が勝プロダクション、つまり大映の子会社、そして撮影が大映京都撮影所、主演が若山富三郎で東映の専属スターです。しかも大映京都は潰れる寸前で組合の動きが激しくて満足に撮れなかったので、一部は松竹の京都撮影所で撮ってるんです。だから大手五社のうち、日活以外の四社が全部絡んでる映画だったりもするんです。じゃあ、東映が当時トップスターの若山富三郎をどうして出したかというと、若山富三郎が社長の岡田茂に頭を下げた。「俳優生活二〇年やってきて、全部会社の意のままにやってきました。初めて二〇年目でわがままを言わせてくださ い」ということで。ちょうど大映が潰れそうになってて、大映のスタッフも大変だと。昔、東映の前身の東横映画ができた頃は大映のスタッフたちを借りて映画をつくっていたこともあったので、その恩返しだというのもあるから、岡田茂は「わかった」と。大映を助けるためということで若山富三郎の貸し出しを行ったわけですね。

町山　若山富三郎、主役シリーズが東映で継続してたのに？

春日　そうなんです。東映で『極道』シリーズとかやってるときに大映の映画にも出ることになった。この段階では大映の映画なんですけど、これがこの映画の複雑なところになってくるんですが。大映は『座頭市』『眠狂四郎』とかをつくっていて、勝新太郎、市川雷蔵がツートップで、「グランプリの大映」と呼ばれて『羅生門』（'50 黒澤明監督）とか『地獄門』（'53 衣笠貞之助監督）とかで海外のグランプリをたくさんとってきた会社。

町山　かつては大政翼賛会の大日本映画。

春日　それを大映と略して「別の会社です」と言いきったという会社です。ここが興行とかに力を入れないでつくるほうばかりだったのと、もう一つ、永田雅一《まさいち》*7社長が自民党とず

＊7　プロデューサー。一九四七年大映社長。『羅生門』（'50）『釈迦』（'61）などを製作。

ぶずぶで政治献金ばかりやったのもあってお金がどんどんなくなって、そんなときに雷蔵が死んでしまって一個の柱がなくなって、勝新だけになった。勝新はそのタイミングで独立しようということで、社内独立という形で勝プロをつくり、『人斬り』（本書第六章）や『座頭市と用心棒』（'70岡本喜八監督）という大作映画をつくる。この当時は大映で唯一のヒット作をつくったのは勝新であり勝プロダクションだった。勝新の勝プロダクションが窓口になっているので、大映にはお金が出せないけど勝にならら出せるということで大作がつくれた。それが六〇年代後半から七〇年くらいの状況でした。

一方で、それこそ『羅生門』とかつくってきたスタッフたちですから、技術に自信がある。「技術の大映」と呼ばれてきたんですけど、お金がなくなってきて、その技術が発揮できなくなってきた。予算がない、スケジュールがきついという中でペラペラなセットしかつくれないということで皆の不満があったときに、勝プロの作品だけはと思って頑張ってきたのがこの六〇年代の後半なんです。そして七一年の秋に大映の経営がどんどんやばくなっていって、給料が遅配するようになって、最終的に組合が団結して突き上げをやりすぎちゃって所長が夜逃げするという状況に。撮影所を組合が管理することになるんですが、今度はそうするとお金がないので各プロダクションに未払いができてしまう。最終的にフィルムの現像所が大映のフィルムは現像しませんというくらいにまでなっていく。本当に危機的な状況で、そこに電通が『木枯し紋次郎』（'72〜'73）というテレビシリーズの企画を市川崑監督と持ってくる。それを撮ってるときに潰れるわけですけど、そこで市川崑がスタッフをまとめて映像京都というプロダクションをつくり、組合は組合で撮影所を管理することに。そうした状況下で『子連れ狼』の撮影は行われていました。

町山　市川崑ももともと大映の監督で。

春日　その状況下で勝新は『子連れ狼』の一作目と『座頭市御用旅』（'72 森一生監督）という二本立てを企画するわけです。当時の『キネ旬』（一九七一年一二月下旬号）に『子連れ狼』の現場ルポが載ってるんですけど、これを読むと「なお配給会社は未定」と書いてある。

町山　配給決まらないうちに撮入したの？

春日　表向きは大映の配給という前提で動いてはいますけど、大映が潰れるのは見えてますから、『キネ旬』も「大映配給」と書けないわけですよ。勝新はこのときに堂々としていて「どの会社でやろうが、俺は面白い映画をつくればいい、大丈夫」って。

町山　さすが。

春日　このときの勝新は政治家的というか経営者のセンスがある時代で、実は水面下で動いてたんです。ここでもう一つ。一九七一年に経営がやばくなった会社に東宝があったんです。今でこそ東宝は日本で最大の映画会社ですけど、このときどん底の時代で、『社長』シリーズとか『若大将』シリーズとか健全娯楽ものをやってきたんですけど、それが当たらなくなってきた。森繁（久彌）、三船、加山雄三の映画が全然当たらなくなっていて、彼らを会社の専属から辞めさせるわけです。かといって一方の若手が伸び悩んでいるという状態でどうにもならない。しかもここはスタッフの組合がむちゃくちゃ強いので、撮影所の人件費が高い。映画は当たらない、人件費は高い。

それで何をやったかというと、七一年に製作部門を切り離すことで撮影所を分社化してしまう。一方で製作は外部プロダクションにも求めようということで、ここで勝プロと東宝のお互いの利害関係が一致するわけです。東宝の藤本真澄副社長[*8]が水面下で勝新と交渉を進めます。東宝は『座頭市と用心棒』のときに岡本喜八監督を勝プロに貸していたり、逆に『待ち伏せ』（'70 稲垣浩監督）のときに東宝配給の作品に勝新に出てもらっていますから、パイプはあって。「うちの正月番組よりも勝プロのこの二本立てのほうが絶対に強いから、うちの正月番組は一週目で打ち切る」と藤本は決めて勝プロに託すわけです。

町山　それまでの東宝の正月映画は『若大将』シリーズに頼ってたんだけど、若大将の加山雄三が若くなくなっちゃったという問題があって。

春日　それで二代目にやらせたら、これが全然だめで。

破格の条件で東宝に迎えられた勝プロダクション

春日　ここで藤本は勝に破格の条件を出します。勝プロ制作の二本立てを会社としては最も重要な時期の正月、ゴールデンウィーク、お盆に配置しました。

町山　それで『子連れ狼』は次々に公開されたんだ。

春日　年間六本契約を結ぶんですよ。しかもこれは何がすごいかというと、製作費に関しては東宝が事前に無利子で勝プロに出しますと。だから絶対に勝プロは赤字にならない。

町山　すごい計算。

春日　そうまでして勝新を迎え入れたかった。勝新もそれは渡りに舟で。

町山　どういう番組でしたっけ？

春日　最初が『座頭市御用旅』で、次が『新兵隊やくざ　火線』（'72　増村保造監督）。

町山　勝新のヒット・シリーズのリメイクを『子連れ狼』にくっつけた。

春日　勝新は過去の自分の人気作品をリメイク。三作目が『新座頭市物語　折れた杖』（'72　勝新太郎監督）、あとは『悪名　縄張荒らし』（'74）もありますね。全部リメイクもの。

＊8　『社長』シリーズ（'56～'70）『若大将』シリーズ（'61～'71）などを手掛けた、東宝の看板プロデューサー。

だから勝新はだんだん不満になってくるんです。「兄貴だけ新しい役でどんどん当たって、俺はリメイクかよ」と。そこで同じ小池一夫原作で『御用牙』シリーズを始めます。

町山　兄弟そろって小池一夫。

春日　しかも大映のスタッフたちからしても、またありがたいわけです。大映というもう潰れる寸前の映画会社から、今度は大東宝がしかも破格の条件でやってくるわけですから。しかも同じ撮影所でやらせてくれるということになったので、スタッフたちも士気が上がる、若山富三郎も意気が上がる。東宝もありがたいということで、皆が皆ハッピーな想いで始まったというのがもともとあったわけです。

ペキンパー＋マカロニ風味の若山版『子連れ狼』

町山　『子連れ狼』は一九七二年なので、マカロニ・ウエスタンの影響が濃厚。

春日　とにかく若山富三郎がマカロニ・ウエスタンが好きで好きでしょうがないんですよ。

町山　自分でマカロニ・ウエスタンをつくっちゃった。

春日　『賞金稼ぎ』（'69 小沢茂弘監督）という、ショットガンを撃って馬に乗っていく賞金稼ぎの話を時代劇で……。

町山　日本が舞台なのに、どう見てもイタリア映画。

春日　石橋蓮司が鞭を使ったり。
町山　マシンガンをバリバリ撃ったりね。どこの国やねん、という。
春日　そういうのが大好きで、勝新と『座頭市千両首』（'64池広一夫監督）をやったときもウエスタンでいこうと、若山富三郎が馬上で鞭を振るって、砂塵の中で二人が一騎打ちしています。二人で西部劇ごっこをやってるんです。
町山　あと一九六九年に、やはりマカロニの影響を受けたサム・ペキンパー[*9]が『ワイルドバンチ』でハリウッド初の血しぶき西部劇をつくるんですが……もともと血しぶきエフェクトは日本が元祖ですね。
春日　やっぱり『椿三十郎』（'62黒澤明監督）がありますから。あれで三船が斬るところで初めてスプラッターが起きた。
町山　『椿三十郎』がきっかけで一九六〇年代初めに日本で血しぶき時代劇が流行《はや》って、それを見たアーサー・ペン[*10]が『俺たちに明日はない』（'67）でハリウッド初の血しぶきエフェクトを開発して、ペキンパーが『ワイルドバンチ』でそれを追って……。ちなみに

＊9　『わらの犬』（'71）『戦争のはらわた』（'77）などを監督した、バイオレンス映画の巨匠。
＊10　アメリカン・ニューシネマの代表的な監督の一人。『奇跡の人』（'62）など。

『俺たちに明日はない』の血しぶき弾着は『メリー・ポピンズ』（'64 ロバート・スティーヴンソン監督）のスタッフがつくったの。

春日 へえ、すごい。

町山 日本ではコンプレッサーでしょう。

春日 『椿三十郎』のときはボンベから空気を送って血のりの入った袋からホースで噴き出させる仕組みでした。そしたら空気を送りすぎてしまって、ホースが破裂して血のりが出すぎちゃったんですね。皆、これはNGだと思ったら、黒澤が「オーケー！」と。

町山 黒澤明、なんでも派手だから。『野良犬』（'49）で犯人探しをするシーンで、外は土砂降りだから、裾に泥がついているはずだ、というんですが、見ると一人の男が背面全体が泥だらけ。そりゃ、誰でもわかるだろって。

春日 やるからには極端にという人ですからね。

大映流時代劇の色合い

町山 『子連れ狼』シリーズはとにかく血の量がすごい。

春日 特に二作目がすごいことになります。驚きますよね。そして、これをやったのが三隅研次監督と牧浦地志カメラマン。

町山　二人が『座頭市』の生みの親。

春日　一作目がこのコンビですね。それから『血笑旅』のときにまたこのコンビです。

町山　そして『剣』三部作（第三章）で日本刀の美学を究めた。通算どのくらい？

春日　『座頭市』の一作目（'62『座頭市物語』）から考えると一〇年ですね。

町山　ひたすら日本刀とは珍しい二人組ですね。

春日　二人組というか、牧浦さんはほぼ自己主張のない人なんですよ。この人がすごいのは、監督から言われたことをそのままやる。一方の三隅監督は大映では珍しいくらい自己主張がある。

町山　美学派ですね。

春日　大映という会社は、スタッフのほうが意見が強いんです。監督はどっちかというと職人肌であまり意見を言わない。ところが三隅監督は逆なんですね。だから大映には宮川一夫とか森田富士郎[*11]という名カメラマンがいますけど、彼らは意見が強くて監督に先行して自分で構図を決めて撮っていく。他の監督たちにはそれがありがたかったりもするんで

＊11　大映で数多くの作品の撮影や特撮を担当。五社英雄監督作品『人斬り』（'69）『鬼龍院花子の生涯』（'82）など。第六章も参照。

すけど、三隅監督は宮川や森田はだめだというのが基本的にあるんです。だから牧浦さんを指名しています。「牧浦さんは俺の言ったとおりに撮るから」と。だから牧浦カメラマンはすごくいいキャッチャー役みたいな、監督の希望を全部聞いてそれを的確にカメラに収めるというバランサーとしてすごくよかった。だから後に勝新太郎がテレビの『新・座頭市』（'76〜'79）で暴走しはじめるときも、ほぼ最後は牧浦さんが任されるんですよ。

町山　三隅監督は表現主義的な撮り方をする人で、真っ白な背景とか、真っ赤な背景を使ったりする。で、真っ赤な背景に日本刀がキラリと光る。これは照明の技術？

春日　そうです。実は中岡源権という照明技師はそういうのが嫌いなんですよ。だんだん大映時代劇に慣れてくると誰が照明なのかがわかってくるんですけど、中岡源権は太陽光再現派と言うんですけど、自然な情感の光にどれだけ近づけられるかにこだわっていました。後に中岡源権は『たそがれ清兵衛』（'02 山田洋次監督）をやるんですけど、あの感じは彼の美学なんです。

町山　でも『眠狂四郎』とかは人工的でしょ。

春日　そう。ですから中岡源権はあまり関わっていません。美間博がそういうのがけっこう得意で。『人斬り』とか、ああいう人工的な光が上手くて。特に『子連れ狼』はその代表的なものです。ファーストシーンで加藤嘉《よし》*12が歩いてくると、背景が真っ白に飛んでいる。

ああいうのが美間博ならではの照明です。彼の流儀としては、嘘の作品は嘘をついたほうがいいだろうと。中岡は絶対に嘘はつきたくないという流儀。

町山　自然主義なんだ。

春日　中岡源権が関わっている作品がシリーズの中に一本だけあって、それだけは映像が全然違うんですよ。四作目（『親の心子の心』）は全然違います。

町山　たしかに四作目は全然違う。

春日　これは中岡と宮川一夫、つまり大映の正統派が組んでいる。美間博は大映時代劇としては亜流なんです。

町山　宮川一夫はパンフォーカスによる奥行きのある画面ですね。

春日　それから、大映京都の時代劇の大きな特徴は黒を基調にするというのがあって。どうやっていろんな黒のバリエーションを表現していくかにこだわるのが大映時代劇の本流です。まさに四作目を見るとはっきりわかるんですけど、スモークを焚《た》いて、その灰色の中に人物を置くことでシルエットの黒を浮かび上がらせています。ところが、この一作目、

＊12　文学座の俳優。『ふるさと』（'83）でモスクワ国際映画祭主演男優賞。『砂の器』（'74）の父親役など。

二作目（『子を貸し腕貸しつかまつる』『三途の川の乳母車』）では大映調の時代劇を否定しようというのがはっきり出ているんですね。つまり黒ではなく白を基調にしています。

町山　白と赤の強烈なコントラスト。

春日　オーソドックスな大映時代劇だったら、たとえばススキをナメにして決闘させるとなると、ススキの一本一本を墨で塗ったりするくらいススキの黒というのを大事にします。でもこの一作目、二作目だとススキの色がちゃんと出てて、後ろの空が太陽の強すぎる光で白く飛んでたりするわけです。あれは美間博の照明の流儀ですね。完全にこれは劇画の嘘の世界として照明を当てています。

町山　アートっぽい。

春日　だから大映調の時代劇を否定して始まったシリーズといえます。

三隅研次の変態性

春日　三隅監督はこの作品があまりにあまりなもので勘違いされています。

町山　血がブシューッの監督だと思われがち。

春日　基本的にはそうではないんですよね。『座頭市』の一作目を見るとわかるんですけど、三隅監督は情感と重厚感の人なんです。『座頭市』シリーズの中でも一作目と『血笑旅』という二本を撮っているのですが、どちらも友情とか親子の情とか男女の情とか、そういう人間たちの細かい心情を季節感とかの情感の中で描いていくというのが得意な、オーソドックスな人なんです。ただ一方で、たまにおかしなことをやるというところで注目されてもいました。八尋不二《やひろふじ》*13というベテラン脚本家がいまして、その人が若い時代の三隅研次を評した文章があるんです。これは『キネ旬』で語ってるんですけど。

町山　すごいの見つけてくるね。大宅《おおや》壮一文庫？

春日　いや、家に『キネ旬』全巻あるので。

町山　すごい！

春日　一九六三年の七月下旬号なんですけど、これを全部読むと三隅研次という人間がよくわかると思うのでちょっと聞いてください。「三隅研次は口数の少い、万事に控え目な男である。痩せて、ひょろひょろしていて、長身で、手も長く、足も長く、顔も長い。長くてエネルギッシュなところは最初僕に爬虫類を連想させたし、彼の好みにも、何処やらにアブノーマルの匂いがした。何かの作品の打合せの時、例の如く控え目に彼がぼそぼそという意見をきくとひどく尋常なので、『何だ、君、案外ノーマルなんだな』と言ったら、

＊13　サイレント映画時代から活躍。脚本家集団「鳴滝組」の一員。『山椒大夫』（'54）など。

彼はフンゼンとして、『私、元からノーマルですがな』と心外そうに抗議した。しかし、どうもやはりくさい。彼は女に惚れそうにもないし、まともな恋をしそうには思われない。先刻ちょっと爬虫類云々といったが、彼は本当に蛇だのトカゲだのといった爬虫類が好きである。いつか一緒にインドへ行った時のこと（※『釈迦』の撮影をやったときですね）、朝早く目の色変えて飛んで来て、僕を叩き起し、『早よ、一緒に写真とりまひょ』と言う。何の写真かと思ったら、巨大な錦蛇を使うインド人が来て、記念に写真をとれ、とすすめるのだそうだ。僕は呆れ返って御辞退申上げたが、彼はそのインド人と並んで、互の肩から肩へ、錦蛇の橋をかけ渡し、さも嬉しそうに撮っていた。そうかと思うと、アグラの町では、とかげの革を売りに来た商人がいたが、その赤や青色や、毒々しい原色に着色したそれらの皮を、彼は目を細くして、よだれを垂らさんばかりの顔で、撫でつ、さすりつしていたものだ。どうも、普通人の神経ではない。彼の作品には、どうかすると、異常なほどシャープなところがあるが、そういう彼の性質によるものだろう」。

つまり、打ち合わせしてて出てくる意見が面白くないのに、いざ見てみると一個一個の趣味がおかしいぞというのが三隅監督なんです。おそらく大映時代、大映の普通の時代劇をやってる頃は、そのノーマルなところをやってきたんでしょうけど、その裏側の部分が『子連れ狼』で爆発するんですよ。

町山　『眠狂四郎』はそんな感じじゃない？　セックスとバイオレンス。

春日　三隅研次のやった『眠狂四郎』はくそ真面目なんですよ。伊藤大輔が脚本で天知茂が出てる回（'66『無頼剣』）なんですけど、天知茂の演じるテロリストが江戸中を放火するというのを説教して止めようとする眠狂四郎の話で。あのシリーズでセックスとバイオレンスは池広一夫と安田公義なんですよ。おかしなことをやってるのは、前に語った『剣』三部作くらいですね。

町山　『剣』に近いですね、拝一刀のストイックすぎるキャラクターが。

春日　これも『キネ旬』の取材で言ってましたけど（七二年新年特別号）、三隅監督は『子連れ狼』の企画が来たときに相当嬉しかったみたいで、この時期ってアメリカのニューシネマがあったりとか、日本でも東宝だったら『赤頭巾ちゃん気をつけて』（'70 森谷司郎監督）とかフォークソング系の四畳半系の映画が流行っていた頃で、これに対してすごい反発があったという話をしてます。「今の映画は日常性に密着したリアルな描写ばかりで、夢を見せてくれる楽しいものが少ない。だから僕はこの映画は日常性を飛び越して、映画は楽しいものだといったひと昔前の殺陣や立ち回りのいっぱいあるチャンバラ映画に徹して撮りたい」と。とにかくチャンバラを大きなスペクタクルで日常性を飛び越えてやりたいというのが本人の中にある。そこに、この贅沢な製作体制、若山富三郎という動ける素材、そしてこの原作を手に入れて、八尋不二の言う裏面の「よだれを垂らさんばかりの顔で、撫でつ、さすりつしていた」という三隅研次がむくむくと起き上がっていったと考えられます。

町山 それで変態映画になった。

春日 その結果がこの一作目、二作目なんですね。

第一作〝子連れ狼サーガ〟のスタート

町山 では作品ごとに振り返っていきます。まず一本目、『子連れ狼　子を貸し腕貸しつかまつる』('72)。公儀介錯人、廃絶切腹を命じられた大名の首を斬る死刑執行人だった拝一刀が濡れ衣を着せられて、追われて放浪の旅に出ます。最もすごいのは、大五郎に死ぬか殺すか選ばせるシーンですね。陰謀に追い詰められた一刀が、奥さんを殺されて、残された赤ん坊の大五郎と心中するか、それとも脱出して復讐の旅をするかの選択を迫られる。そこで一刀は床に日本刀と手鞠《てまり》を置いて、大五郎に選ばせる。手鞠を取ったら普通の赤ん坊だから二人で死のう、でも、もし刀のほうを大五郎が選んだら、生まれつきの殺し屋だから二人で頑張ろうと。すると、刀がきらっと光る。それに吸い寄せられて大五郎は刀を選んだ。「お前も父と同じ冥府魔道に生きる者」って。

春日 よく考えると、親の責任転嫁ですよね。

町山 実際、大五郎は殺しの天才なんですけどね。で、大五郎の乳母車につけた「子を貸し腕貸しつかまつる」という幟《のぼり》の宣伝文句の意味が説明されます。幼い子どもを失って気が触れた女性が出てくる。当時の時代劇って必ず狂女が出てきましたね。着物をはだけて風車《かざぐるま》持って「あははははははは」って笑ってる。『木枯し紋次郎』には「狂女が唄う信州路」なんてエピソードもあった。なんでだろうね。

春日 日常に狂女がいたんじゃないですか。

町山 そんな狂女に大五郎を抱かせておっぱいを吸わせてあげる。だから子貸しなんだと。

春日 この子貸しの設定は途中からなくなりますけどね。

町山 後半、拝父子が山奥の湯治場に行くと、そこはいわゆる西部劇とかに出てくる『駅馬車』（'39 ジョン・フォード監督）状態で、いろんないわくありげな人間が溜まっていて、そのなかの誰かが刺客らしい。このプロット、『カムイ外伝』にも『木枯し紋次郎』にもあったね。

春日 当時の時代劇のつくり手は皆それをやりたがるんですよね。

町山 そのなかの一人の娼婦と拝一刀／若山富三郎がやくざに無理やりセックスさせられる。娼婦役は真山知子という女優さんで、おっぱいとか丸出し。蜷川幸雄さんの奥さんですね。あと柳生烈堂も出てきます。拝一刀を陥れた黒幕で、妻の仇です。

春日 そうですね。裏柳生という、幕府の裏で暗躍してる忍者集団の頭領です。

町山 演じるは伊藤雄之助。*14 大映の『忍びの者』（'62 山本薩夫監督）でも、市川雷蔵扮する忍者・石川五右衛門の敵の大ボス百地《ももち》三太《さんだ》夫《ゆう》をやってます。『子連れ狼』は拝一刀が柳生烈堂に追われながら、列堂に復讐しようとする、抜け忍ものみたいな話になっていきます。でも、この一作目はまだ試運転みたいなもので、二作目から狂気のアクセルを踏み込んでいきます。

第二作は冒頭からジェットストリームアタック！

春日 一作目は本当に撮り方としても過渡期という感じで、大映流の黒を基調とした撮り方に行くかどっちに行くか悩みながらという跡が見られます。で、二作目（『三途の川の乳母車』）で白のほうが面白いなというのが見えてきたところなんでしょうね。

町山 二作目はほとんどストーリーがない！

春日 これは原稿を書くときに悩む映画の一本です。ストーリーを書かないといけないときがあるじゃないですか。何て書けばいいんだろうなって。見直すと、そうか、そんなストーリーがあったなと思い出すんですけど、見終わると忘れてるんですよ。

町山　拝一刀が乳母車を押していると、沿道の人たちが次々と刺客になって襲ってくるだけ。

春日　ある意味、ロードムービーですね。

町山　それを一時間半ずっと続ける。

春日　ファミコンのゲームみたいですね。『がんばれゴエモン！ からくり道中』とか、横スクロールで移動するとステージごとにいろんな敵が襲いかかってくる。

町山　冒頭から、乳母車を押してるといきなり敵が切りかかってくる。で、そいつの脳天に一刀が刀をたたき込むと、実はそれが罠。

春日　その後ろから忍者がもう一人来ますからね。ジェットストリームアタックですよ。

町山　このシーン、『機動戦士ガンダム』（'79～'80）のジェットストリームアタックの元ネタと言われています。マッシュ、ガイア、オルテガがドムで襲ってくるやつですね。

春日　『子連れ狼』の場合は忍者が仲間を踏み台にしてるわけですけどね。

町山　拝一刀に脳天に叩き込まれた刀を頭で挟んで。

春日　自分を犠牲にして動けないようにしといて、その背後から踏み越えてもう一人が襲

＊14　歌舞伎界出身の性格俳優。『プーサン』（'53）『ああ爆弾』（'64）『太陽を盗んだ男』（'79）など。

いかかる。
町山　頭で刀を受けるだけの簡単な仕事です。
春日　めり込んでるから動けまい、みたいな。
町山　次は、道端の小川で大根を洗ってるおばちゃんが、拝父子に大根投げてくる。
春日　大根の中に刀が入ってる。
町山　そんな敵を拝父子が次々クリアしていくゲーム感覚。
春日　大五郎が素晴らしくて。大五郎がバンバン殺すんですよね、二作目は。乳母車に乗ってボタンを押すと、正面の取っ手から槍が出る。敵が襲いかかってきて、大五郎がめんどくさそうにボタンを押すとズドンッて刺さる。
町山　武器のスイッチは大五郎が自主的に押してます。
春日　率先して殺してる。子役にそれをやらせるのはすごい。
町山　テレビ版では、大五郎は乳母車に乗ってるだけだけど、映画版では殺しの相棒なんです。

残虐な殺し

春日　けっこう律儀だなと思うのは、『北斗の拳』とかだと服がビリビリ破れた後にしばらくすると元に戻っていたりするわけですが、この二作目で面白かったのは、大根が乳母車にぶっ刺さると、他のシーンでもしばらく大根が刺さったままなんです。

町山　持って帰って食べるんじゃない？

春日　いや、少し経つと大根が抜けるんですよ。するとそこにちゃんと穴が空いてるんですよ。そのへんね、大映時代劇の律儀なつくり方が続いているように思えました。

町山　そのリアリティは意味あるのか？　大根を投げること自体にリアリティないのに。

春日　ここは大映らしいな。東映なら絶対に穴を空けませんから。

町山　東映は細かいことにこだわらない。大映は律儀。

春日　大映の魂は変わってないなと、それを見て思いましたね。

町山　そして、拝を狙う、別式女《べっしきめ》という、女性刺客軍団が登場。

春日　くノ一みたいなものですよね。女忍者集団というか。

町山　ボスが松尾嘉代。[*15]

春日　我らが松尾嘉代です。

町山　松尾嘉代さんが最初、子連れ狼を襲うけど、勝てないと知るや後ずさりで逃げてい

＊15　『にあんちゃん』（'59）でデビュー。八〇年代から二時間ドラマで活躍した〝サスペンスの女王〟。

く。あの動きは爆笑。

春日　このシリーズ、シリアスな俳優たちが変な動きをするというところがあります。

町山　別式女が裏柳生の忍者に「この部屋から出てみろ」というシーン。裏柳生の体を寄ってたかってどんどん削ぎ落としていく。

春日　忍者が別式女に囲まれた部屋から何とか出ようとすると、その度に別式女たちは回り込んで腕をバシッと切り落とす、次は足をつかんでバシッ。

町山　耳を取ってバシッ。鼻を取ってバシッ。ついには手も足も耳も鼻もなくなって転がる。

春日　で、最後はブスッブスッと刺されていく。ひどい話ですよ。あれを仲間同士でやってるんですから。

町山　三池崇史監督が影響を受けてると思う。『殺し屋1』('01)で切り飛ばされた鼻が壁にぺちゃっと。

春日　三池版『十三人の刺客』('10)もそんな感じでしたね。

若山富三郎のアクション

春日　殺陣の流れとして、大映って殺陣が比較的おとなしい会社だったんです。『座頭市』にしろ『眠狂四郎』にしろ、そんなに血まみれなことはやっていませんでした。革命が起きたのは一九六九年にフジテレビから五社英雄監督がやって来て『人斬り』を撮るわけですよ。『人斬り』のファーストシーンで辰巳柳太郎《たつみりゅうたろう》が殺されるシーンがあるんですけど、そこで雨の中で血まみれの殺陣をやるんです。これを見て大映のスタッフたちが感動した。殺陣ってこんなことしていいんだ、これが本当の斬り合いだと驚いて、実はここから大映の殺陣は変わるんです。特に勝新がそこで目覚めて、殺陣はこんなにいろんなことをやっていいんだって。同時にマカロニ・ウエスタンやペキンパーが出たから、血まみれの殺陣をやりたい、となっていって、その完成形としてこの『子連れ狼』シリーズがある。三隅研次もそれまでストレスを溜めていたわけです。溜めていたというよりは知らなかったわけです。大映でこういう殺陣をやっちゃいけないいんじゃないかって思ってた。だから大映ではオーソドックスな殺陣をやってきた。

町山　大映の伝統を守ろうとした。

春日　彼も『人斬り』の現場を見に来てたらしいんです。五社英雄のことがもともと好きで、それで五社英雄はテレビドラマ『新三匹の侍』（'70）をやるときに三隅を誘ったりするわけですがスケジュールが合わなくて。

町山　『人斬り』はまったく型のないチャンバラ。ただ力で斬っていく。

春日　それで血が飛ぶ、首が飛ぶ。それを三隅さんは現場で見ていたという話があるので、どこかでああいう殺陣をやりたいというのがあったのかもしれない。もともと刀に対するフェティシズムが強い人ですから、それで火がついて、一作目でなんとなくいけると思って、それで二作目になったんじゃないかと思います。

町山 あと、どの『子連れ狼』にも必ず、若山さんが空中に跳び上がってトンボを切るショットがある。

春日 とにかくそういうアクションを見せたい人なんですよね。

町山 あと、愛刀の胴太貫《どうたぬき》もよく投げる。もっと大事にしてほしい。

春日 刀を投げたときに、その刀の刺さった男が「刀を投げるとは」と言うわけです。武士としては刀は命なわけで、刀を投げるというのは邪道なんです。だから武士がまさか刀を投げるとはと当時は思うんだけど、バンバン投げる。殺し屋として冥府魔道にいるわけですから、武士の面目なんて関係ないという。

町山 投げた刀が敵の頭を串刺しにするシーンもありました。

勝×若山兄弟で役者の奪い合い

春日 最後の刺客は弁天来の三兄弟。

町山 弁天来は三兄弟の名前から一文字ずつ取っていて、長兄の弁馬（大木実[*16]）の武器は手鉤《てかぎ》。ウルヴァリンみたいな熊手。次男の天馬（新田昌玄《しょうげん》[*17]）の武器はトゲトゲのついた棍《こん》棒《ぼう》。そして三男の来馬は我らが岸田森[*18]！

春日　あと鉄製のトゲトゲつきグローブ。

町山　岸田森さんは勝さんの映画によく出てきますね。

春日　盟友でもあります。『子連れ狼』シリーズ六作は勝プロの二本立てなんですけど、同時期に二本撮ってるわけですよ。『子連れ狼』と勝新の主演作と。そうすると勝新としては自分の好きな俳優とか仲のいい俳優を使いたい。で、若山富三郎も使いたいんですよ。厄介なことにこの二人、趣味が似てるので、毎回役者の取り合いになっていく。二人の好きな俳優が、岸田森、石橋蓮司、蟹江敬三[*19]、草野大悟[*20]、小池朝雄[*21]、大滝秀治[*22]なんです。皆

＊16　六〇年代から東映で活躍。のちテレビドラマでも活躍。若山とは「きょうだい」と呼び合う仲。
＊17　劇団民藝の俳優。映画作品に『激動の昭和史・軍閥』（'70）『日本沈没』（'73）など。
＊18　文学座出身。実相寺昭雄や岡本喜八作品に重用され、勝プロ作品の常連でもあった。テレビドラマ『怪奇大作戦』（'68〜'69）『傷だらけの天使』（'74〜'75）など。
＊19　凶悪犯から人情溢れる役まで幅広く活躍。テレビ時代劇『鬼平犯科帳』（'89〜'13）の密偵役など。
＊20　文学座出身。岡本喜八作品の常連。『座頭市と用心棒』（'70）『ゴジラ対メカゴジラ』（'74）などに出演。著書に『俳優論』。

どっちかに必ず出てます。

町山　みんな顔が濃い。

春日　蟹江敬三は『子連れ狼』には出なかったですけど、草野、小池、大滝、岸田、石橋はたえずどっちかに出てるんですよね。それくらい二人とも大好き。で、岸田森はこのシリーズに二回出ます。それがあるから勝新は岸田を使えなかった。『座頭市と用心棒』で、三船の用心棒と勝新の座頭市と両方と戦う役として岸田森を置くくらい信頼しきってるわけですが。

町山　座頭市と用心棒、この世界的な時代劇ヒーローを二人同時に敵に回したのは映画史上、岸田森だけですね。

砂丘で展開する強烈なクライマックス

町山　その三兄弟と鳥取の砂丘で対決。

春日　ここ、数えると一三分の死闘シーンなんです。一二〇分の映画で一三分ならわかりますけど、これ八〇分ちょっとの映画ですから、全体の約六分の一くらいがこの砂丘の決闘シーンなんです。

町山　この砂丘のシーンが抜群に面白い。

春日　江幡高志[*23]のベストワークの一つですよ。大木実が砂浜に鉄製の熊手を突き刺すと、そのあたりに血が浮かび上がって、砂から熊手を引き抜くと、江幡高志が頭に熊手が刺さったままウワアアッと出てくる。

町山　なかなか出てこないのもいい。しばらく耐えてる、刺さったまま。

春日　三兄弟を迎え撃つために砂浜に潜って隠れていた刺客たちが、そうやってどんどん皆やられていくんですよね。最後はみんな怖くなって砂からワーと出てきて襲いかかる。

町山　『龍の忍者』（'82　コリー・ユエン監督）の冒頭で地面に潜って修行してる忍者みたいですね。

春日　一応リアルっぽく見せるために穴の上にゴザみたいなのを敷いて砂が穴に入ってこないようにしてますけどね、ただ相手は砂ですから……。

町山　拝一刀は三兄弟を倒していく。最後に残った弁馬と一騎打ち。拝一刀が彼の首を斬る。するとヒューーと音がする。斬られた弁馬自身が「器官を切られると、そこから出る息

＊21　劇団昴の俳優。名悪役として活躍。『刑事コロンボ』のピーター・フォークの吹替で知られる。
＊22　劇団民藝の看板俳優。映画・テレビでも脇役として活躍、『影武者』（'80）『お葬式』（'84）など。
＊23　役どころから小悪党の代名詞的役者といわれる。テレビドラマを中心に膨大な作品に出演。

で笛のような音が鳴るという。これを虎落笛《もがりぶえ》というらしい」と、説明するんですよ。

春日　「その音をわしも一度は聞いてみたかったが、まさか自分の首で聞くことになろうとは」。

町山　そんなに長々と喋ってんなよ！って。

春日　大木実の名演説です。

『子連れ狼』で最恐なのは実は大五郎!?

春日　この二作目がすごいのは、やっぱりキラー大五郎。めんどくさそうに乳母車のボタン押して殺していくわけですが、それだけじゃなくて。死神のごとくいろんな奴を殺していった三兄弟がふっと見ると、遠い視線の先に大五郎が一人立ってるんですよね。

町山　死神として大五郎のほうが格上。

春日　そして大五郎が指差すと、その先には拝一刀。ただ拝一刀を出すんじゃなくて、ここにワンステップを入れる演出がすごいです。大五郎の「お前ら、この人に殺されるよ」と言わんばかりの、あの怖い顔。

町山　映画版の大五郎はね、すっごい可愛いの。美少年なんです。

春日　たしかにテレビと違って、こっちの大五郎はすごく可愛らしい顔をしています。

町山　だけど、殺す殺す。へたすると父親より多く殺してる。
春日　特に二作目の大五郎は本当に怖い。
町山　この子役、富川晶宏[*24]というんですけど、すごく顔が可愛くて、女の人も大五郎を見ると「うわあ、可愛い！」と言うんですけど、よく見ると目に虚無感がただよってます。
春日　オーディションで一発で受かったといいます。
町山　演技力もすごくある。そして、何が起こっても動じない。これはまた後々伏線になってきます。

〝経営者〟カツシンが高評価！

春日　三作目に行く前に、この二作がめちゃくちゃ当たったという話をしたいんです。これが大ヒットを遂げて、しかも二本立てなので、同時上映に『御用牙』があり『新兵隊やくざ』があり、これが全て年間の配収ベストテンに入ったので、この年の一〇本中四本が勝プロ作品なんです。
町山　いかにプロデューサーとして天才だったか。

＊24　『子連れ狼』シリーズの他は『極道ＶＳ不良番長』（’74）に出演。

春日　当時の『キネ旬』の覆面座談会（七三年三月上旬号）で、映画記者たちが口をそろえて「いかに勝新が経営者として優秀か」ということを誉め称えているという、今じゃ考えられないことが起きています。ある記者が言ってるのは、「勝新太郎は社長としては石原裕次郎より遥かに上である」とか。

町山　その頃、石原プロ、三船プロ、勝プロ、錦之助の中村プロ、五社のトップ俳優たちが自分の独立プロを立ち上げてましたね。その中でいちばん成功してたのが勝プロ。当時は石原プロは映画ではまだそんなに成功してなくて、勝プロがいちばん利益を挙げていました。

春日　で、一九七二年の終わりに東宝と翌年の契約更改をやる時にさらにいい契約で更改してくれて。記者会見を大々的にやるんですが、そのときに藤本真澄副社長が記者会見で言ったのは、「厳しい状況の中でこの成功は勝・若山兄弟の努力の賜物《たまもの》である。ありがとうございます」。このとき窓口をやってたのは松岡修造のお父さんの松岡功。当時は映画調整部長です。取材で聞いたら、「今の東宝があるのは勝プロのこの作品があるからだ」「勝プロがなかったら東宝は潰れてた」と言っていました。

町山　ロジャー・コーマン[*25]も同じこと言ってましたけどね。一作目と二作目はアメリカで編集されて"Shogun Assassin"というタイトルで一九八〇年にロジャー・コーマンの配給で公開されて大ヒットします。東宝に払った版権料はたった五万ドルで、何百万ドルも儲かった。英語版を製作したのはデイヴィッド・ワイズマン。[*26] この人は実はアンディ・ウォーホルの弟子で、「チャオ・マンハッタン」という、アンディ・ウォーホルのファクトリーにいたモデル、イーディ・セジウィックのドキュメンタリーを撮ったり、『蜘蛛女《くもおんな》のキス』の版権を取得して、プロデューサーをしたりしてる人。このワイズマンがロジャー・コーマンに、「『子連れ狼』の映画館の前にすっごい行列ができてるのを見たんだけど、ちゃんとお金くれ」と言ったんですって。そしたらロジャー・コーマンに「あれは配給料と宣伝料と、あとフィルムの焼き代があって、いろいろ引いてったら儲けがなかったんだ」と言われたらしいんですよ。それを聞いたワイズマンは「ふうん、それじゃしょうがないな」と思ってたんだけど、その後ロジャー・コーマンの自伝『私はいかにハリウッドで100本の映画をつくり、しかも10セントも損をしなかったか』が出たんで、それを読んだら「いやあ、『子連れ狼』儲かった！」と書いてある。それでワイズマンはめちゃくちゃ

＊25　四〇〇本以上を製作した、〝インディペンデント映画の帝王〟。コッポラやスコセッシに影響を与えた。

＊26　ニューヨークの実験映画作家出身のプロデューサー。『蜘蛛女のキス』（'85）など。

怒ったけどあとのまつりという。一セントの損もしなかったって当たり前ですよ、お金払わないいんだもん。ひどい奴ですよ。さて、当時、東宝は勝プロに救われたわけでしょ。でも恩を返さなかった。

春日　それが映画界。

町山　ちなみに『キル・ビル Vol.2』（'04　クエンティン・タランティーノ監督）でヒロインの娘がテレビで見てるのはこの二作目です。あとウータンクランのメンバーの曲にも英語吹替版の音声が引用されてますね。

音楽も超個性的！

町山　そうだ、音楽の話をしよう。『子連れ狼』シリーズ全部の音楽は桜井英顕[*27]という人が作曲してるんですが、これがどうかしてる。シンセサイザーを使ってたかと思うとブルースが入ってきたり、超アバンギャルドなアドリブだったり、全然時代劇の音楽じゃない。

春日　映像がこれなので、普通の音楽入れたらかえって気持ち悪くなるかもしれませんね。

町山　この人はもともと和楽器でアバンギャルドな音楽をやるバンドの人だったらしいんですよね。だから前衛音楽みたいなんです。

春日　二作目で大五郎が指を差して若山富三郎が現れるところの、あの変な音楽は何なんだろうとずっと思っています。

町山　不協和音とか使いまくってる。もうすごくどうかしてる音楽で、それも聴きどころなんですよ。

浜木綿子の「ぶりぶり」！

町山　さて、三作目が『子連れ狼　死に風に向う乳母車』（'72）。

春日　契約更改で状況が変わったので、予算が増えて、キャストが豪華になるんです。

町山　三作目のいちばんの売りは浜木綿子《ゆうこ》。*28

春日　香川照之のお母さんですね。

町山　この頃、香川照之はもう生まれてるのかな。

春日　生まれてるか生まれてないかくらいの頃ですね。

町山　忘八《ぼうはち》者という、廓《くるわ》の自警団のリーダーなんですが、忘八者というのは実在したんで

＊27　前衛邦楽バンド「須磨の嵐」やジャズとロックを演奏する「桜井英顕クインテット」のリーダーとして活躍。

＊28　宝塚歌劇団出身。八〇年代から二時間ドラマのシリーズに多数主演。

すか？

春日　小池一夫の作品でしか見ないんですよね。『忘八武士道』（'73石井輝男監督）があってこれですから。だから史実としてはどうなんだろうという気がするんですけど。

町山　忘八っていう言葉自体はあって、仁・義・礼・智・忠・信・孝・悌という人間に大事な八つの徳というのがあってですね。『八犬伝』にも出てくる言葉ですけど、それを忘れたならず者という意味ですが、廓とか遊郭の経営者を忘八と言ったらしいですね。

春日　女たちの管理ですよね。

町山　女たちが足抜けしないように管理しているやくざの首領が浜木綿子。そこで足抜けしようとした女郎をかばって拝一刀が浜木綿子の拷問にかけられる。これが謎なんですけど「ぶりぶり」って言うんですよ。何かの間違いかと思いましたね。

春日　しらっといきなり出てきましたよね、あの台詞が。「ぶりぶりにかける」。

町山　え、何?!　みたいな。

春日　「お侍さんとはいえ、死ぬかもしれませんよ、私たちのぶりぶりは」。

町山　逆さ吊りにするんですよ。若山富三郎は本当にやってるんだよね。

春日　やってます。若山富三郎はこの映画はほぼ吹替なしですから。

町山　逆さ吊りで水につけて、忘八者たちが棒で叩く。叩きながら歌う。「ぶぅりぃ、ぶ

ぅりぃ、ぶぅりぃ、ぶぅりぃ」。何なのこれは！
春日　これは映画でもテレビでも両方やりましたね。
町山　そう！　テレビ版では拝一刀役の萬屋《よろずや》錦之介が拷問されるんですけど、浜木綿子は同じ役。同じ台詞を言うんですが、違うのは「ぶりぶり」じゃなくて「ぷりぷり」って言うんです。「これからぷりぷりにかけてやる」って！　いったいなぜ？
春日　やっぱり音ですかね。
町山　「ぶりぶり」ではお茶の間にパニックが！
春日　日曜の夜ですからね。
町山　僕は八〇年代にプリンセスプリンセスが出てきたときに、「子連れ狼？」って思ったんです。
春日　はははははは。何だそりゃ！
町山　その後、浜木綿子さんが、旦那さんの市川猿之助さん（三代目。現・二代目猿翁）とすごく悪い形で離婚して、女手一つで香川照之を育てて、見事に東大に入れました。相当の教育ママだったと思うんですよ。「勉強しないとぶりぶりだよ！」「お母ちゃん、それはやめて」って。
春日　超スパルタ！

加藤剛の狂気

町山　僕は三作目が好きなのはまず「ぶりぶり」があるからなんですけど。
春日　そういうことだったんですか！
町山　それに加藤剛*29が素晴らしい。
春日　予算がアップしたので、主役級の役者を相手側のキャストに連れてきました。
町山　「渡り徒士《がち》」という、大名行列のときだけ雇われる流れ者の侍の役ですね。当時、参勤交代は大名たちにとってものすごい経済的負担で、そのときだけ臨時に雇って人数を水増ししてたそうです。で、浪人の加藤剛が雇われるけども、彼は武士として落ちこぼれて心が歪んでしまっている。その彼が拝一刀を見て武士の魂に気づかされるという、すごくいい役なんです。加藤剛のベストワークじゃないかと思うんですよ。
春日　え！
町山　加藤剛っていい人の役ばっかりでしょう。大岡越前とか。爽やかすぎる笑顔だから。でもこの映画では笑顔を見せないんですよ。
春日　侍としてベストを尽くしたはずが、そのために咎《とが》められてしまって藩を追い出されて、侍とは何なんだろうと悩むうちにどんどんやさぐれていって。でも「俺は侍として生きたい」と内心では思っていて、一緒に行動している奴らの中では一人だけ毅然としているわけですよね。

町山　腕も立つんですよ。

春日　ただ、仲間たちが女を襲っているのを目撃して、女を助けるんですが、今度はその女を「俺を見るな！」と殺してしまう。急に狂気に走るのが怖かったです。

町山　自分が落ちぶれたところを見られたから女の人を殺す。加藤剛が女の人を殺すのは、加藤剛史上最初で最後じゃないかな。

春日　そうですね。『砂の器』（'74 野村芳太郎監督）のときも原作と違って島田陽子を殺しませんでしたね。

町山　でも、この映画では彼の屈折が素晴らしいんですよと。

第三作でも〝最恐ぶり〟を発揮の大五郎

町山　あと草野大悟。岸田森の盟友で、勝新太郎のお友達系。プロレスラーの馳浩《はせひろし》さんみたいな顔をしてる人です。天才バカボンのパパの顔が劇画になったみたいな。

春日　それは……。髭ですよね。

＊29　俳優座所属。テレビ時代劇『大岡越前』（'70～'06）の奉行役は長年演じ続けた当たり役。

町山　髭と鼻の穴に特徴がある人なんですけど、この人、この映画ではガンマンです。歴史的考証が正確で、当時実在したレミントンのパーカッションリボルバーの二丁拳銃なんですよ。で、草野大悟は拳銃がすごい上手いんです。しかも、敵ながらいい人。それを大五郎に利用されてしまう。

春日　この大五郎がまた悪い！

町山　草野大悟が射撃の練習をしていると、大五郎が見ていて、「わあ、おじちゃんピストルうまぁい！」って感じ。草野大悟は子どもが好きみたいで、笑顔を返すんですが、ふと目を離すと、川のほうから、ばちゃばちゃばちゃ音がして大五郎が「たすけて」と叫んでる。あ、子どもが溺れた！助けなきゃ！って、草野大悟は拳銃二丁を川岸に置いて川に飛び込むんです。そしたら、なんと、あれ、浅い?!　大五郎がすっと立つ。溺れてるふりをしてたんですよ。

春日　ここで笑いますよね。

町山　草野大悟が「しまった！　騙された！」と思って岸辺を見ると、もう遅い。

春日　そこにはもう、若山先生が立ってます。

町山　拝一刀が、丸腰の草野大悟を斬り殺す。どんだけずるい父子だよ！　こんな悪辣な父子、初めて見たよ！

春日　山形勲が驚いてますよね。「片時も拳銃を離さなかったあの男が、なぜ拳銃を離してしまったんだ」って。

町山　草野大悟、いい人すぎたんだよ。

春日　いちばん悪いのは大五郎ですよ。性格の悪さが滲《にじ》み出てる。

町山　しかもこの映画の中での大五郎は、シリーズ中最もたくさん殺す。乳母車のマシンガンで、しっかり大五郎が引き金引いてる。文字通り死体の山になりますからね。親父よりも多く殺してる感じ。

春日　いいコンビネーションですよね。

町山　よくねえよ！　虐殺親子だろ！

春日　テレビ版にはそのコンビネーションがないじゃないですか。親父が頑張って、息子は守られての構図。

町山　子どもが人を殺すところをテレビでは放送できなかったんでしょうね。

春日　映画のほうは本当にすごいです。

町山　殺す殺す、どんどん殺す。

ラスト壮絶な殺陣の後の一騎打ち

町山　最後は『ワイルドバンチ』状態になって、この殺人親子は二対一〇〇くらいの戦いをしますけど、すごいですよね、あの殺陣も。もう斬って斬って斬りまくるんですけど。で、最後に加藤剛との一騎打ち。

春日　これが泣ける一騎打ちなんですよね。武士として死にたいという加藤剛が。

町山　加藤剛は武士として死にたいから、尊敬している拝一刀に決闘してくれと頼んで、一刀は彼の願いをかなえる。ところが一刀、またしても胴太貫を投げるんです。

春日　投げますね。

町山　武士の魂を投げるなよ！

春日　武士として死にたいって相手が言ってるんだから、尋常に立ち合えよっていう。

町山　ねえ。

春日　でもあのカメラの最後の動きがね。バッと斬って加藤剛の首がごろんと落ちるんですけど、その首の主観ショットなんですよね。

町山　「介錯《かいしゃく》をお願いいたす。名立たる公儀介錯人の拝一刀に介錯していただくとは光栄の至り」みたいな感じで、一刀に首を刎《は》ねられる。その瞬間にカメラがね。

春日　落ちる首の主観ショットで、ぐらっと回って、ばたんと落ちるんです。

町山　ごろんごろんごろんって転がって、最後横倒しになったまま。加藤剛の目のショットなんです。

春日　落ちる生首の主観ショットってたぶん……。

町山・春日　映画史上初めて。

春日　その後も聞かないですよね。

町山　ねえ。ごろんごろんと転がった後に、切り返しで加藤剛の生首。

春日　胴体の部分を合成で消してるという形にしていて。これが三隅さんはやりたかったんじゃないですかね。

町山　僕は三作目がいちばんすごいと思ってるんですよ。血の量は二作目がすごいんですけど、三作目も、加藤剛の生首ショットもあるし「ぶりぶり」もあるし、大五郎が殺しまくってるし、いろいろと常軌を逸してます。

第四作にして監督交替の理由

町山　四作目『親の心子の心』（'72）で監督が替わりました。

春日　監督が替わる背景の話をしますと、若山富三郎は『子連れ狼』によって新境地を拓《ひら》きます。お客さんも劇場主もこれは『子連れ狼』のヒットだと評価をする。でもこれは二本立てなんですよね。では相手の勝新は何をやっているかというと『座頭市』をやって『悪名』をやって、また『座頭市』。過去のリメイクばかりやってる状態。

町山 それでフラストレーションがね。

春日 自分にもちょっと新しいことをやらせてほしいということで、同じ小池一夫原作で『御用牙』というとんでもない作品をやることになります。

町山 チンコを鍛えて米俵を貫く映画ですね。

春日 で、この兄弟は好みが似てるので役者だけでなく監督も争奪戦になるんです。そして三隅研次をこの兄弟は最も信頼してるし尊敬してるので、勝新がシリーズ第一弾をやるときに三隅監督を使わせてくれということになって、三隅研次を『御用牙』にもっていくことになります。

町山 三隅監督を弟に奪われた。

春日 それともう一つ、この兄弟に不協和音が流れはじめるわけですね。『子連れ狼 親の心子の心』は一九七二年の年末に公開された映画なんですけど、テレビ版の『子連れ狼』が七三年四月にスタートしています。で、この七二年の年末に水面下で『子連れ狼』テレビ版（'73〜'76 萬屋錦之介主演）を日本テレビで、という動きが始まるわけです。勝プロダクションは小池一夫に対して、「映画化、テレビ化、舞台化の権利は全て勝プロダクシヨンで」、という契約を結んでいるにもかかわらず、小池一夫はテレビ化の権利をユニオン映画という日活系の会社に売ってしまうわけですよ。つまり権利の二重状態になるんですね。それはよくないということで、東宝と若山富三郎が勝新に問題の解決を頼むわけです。小池先生にちょっと言ってきてくれと。ユニオン映画の社長は江守というもともと日活の大プロデューサーだった人ですけど、そんな時に彼が勝新の前に現れて「頼む、うちを助けてくれ」ということで土下座するわけです。すると勝新は情にほだされて「わかった」と言っちゃうんですよ。それでこの兄弟がちょっと仲悪くなりはじめるわけです。東宝の藤本は、テレビが始まったけど、テレビはテレビ、映画は映画だから、引き続きやってほしいと若山富三郎に頼むんですが、この段階で責任を取る形で『子連れ狼』のプロデューサーから勝新太郎は外されます。それで自分は三隅研次と『御用牙』を始めるということになる。ですからこの四作目からプロデューサーが勝新から若山富三郎になるわけですね。若山さんはプロデューサー兼主演になる。そして監督は日活の齋藤武市《ぶいち》[*30]に替わります。

＊30　日活・小林旭主演の『渡り鳥』シリーズ（'59～'62）などを監督。七〇年代以降はテレビドラマを中心に活躍。

町山　小林旭の『ギターを持った渡り鳥』（'59）で知られる監督ですね。

作品のカラーが大きく変化

春日　ここで全て変わってしまうんですよ。誰が変えたかまではわからないんですが。たとえばスタッフはこれまで美間博、牧浦地志という大映において亜流な撮り方をしてきた二人だったのが、この作品で照明が中岡源権になる。さっき言った自然光にどれだけ近づけるかで情感をつくっていくリアル派の人で、カメラマンも大カメラマンの宮川一夫をここに入れてくる。つまり三隅研次を外すことで宮川一夫を使えるようになったという言い方もできるし、三隅研次がいなくなったことで誰かしらちゃんと映像を統括できるカメラマンを入れる必要があるだろうとなったとも考えられます。つまり齋藤監督が時代劇に慣れてないからということもあって、大カメラマンの宮川一夫をここに入れてきた。中岡・宮川という大映時代劇における超正統派コンビが生まれて、四作目で映像がまったく変わってしまうということが起きるわけですね。

町山　重たい画《え》になりますね。

春日　血まみれドバー、首が飛んで頭が割れて……というのは四作目はほとんどなくなります。けっこうまっとうな時代劇の描写になっています。

町山　最初に大五郎が拝一刀とはぐれて、一人で林与一[*31]扮する浪人に会うんですね。林与一が大五郎を見て「ただ者じゃない。幾多の修羅場を乗り越えてきた目だ」と言うんですけど、そりゃそうだよって。何十人も殺してますからね。
春日　ちょっと木の枝を持つと、「その構えは水鷗流《すいおうりゅう》斬馬刀！」って。
町山　林与一という人がまたそういうキャラなんですよ。
春日　長谷川一夫[*32]の甥ですから。
町山　剣士の役が多いですね。
春日　正統派の二枚目です。
町山　『必殺』シリーズの一作目（『仕掛人』）ではニヒルな人斬りでしたけど。林与一は最近、ＮＨＫの朝ドラ『あさが来た』（'15〜'16）で、ヒロインの波瑠《はる》のお祖父ちゃん役をやってました。すごく優しいおじいちゃんだけども、放送中にネットでは「このご老人、今まで何人を殺《あや》めたかご存知か」とか「その手は血で汚れておるのじゃ」みたいなツイートが流れてて可笑しかった。

＊31　映画の『鼠小僧次郎吉』（'65）やテレビ時代劇の『必殺仕掛人』（'72〜'73）などで活躍。
＊32　戦前から二枚目の時代劇スターとして活躍し、俳優では初めての国民栄誉賞を受賞。

春日　役柄ですから！

町山　時代劇の見すぎ！

春日　話を戻しますと、セットの色合いとか照明が全部変わるんですよね。これまで白が基調で、ピカッという明かりで顔をテカテカにしてたんですけど、四作目になって大映らしい光と影の重厚感の黒い感じになって。ここでまた岸田森が出てくるわけですけど、彼の道場のシーンなんかは床から何から全部黒光りしてる。大映は黒光りするセットをつくるために特殊な塗料を開発したくらい、時代劇では黒にこだわりがありました。その黒のセットを久々にここで再現して、ザ・大映時代劇という映像を出してくるわけです。

町山　居酒屋のやたらと木目が浮き出てる板の間みたいなセットとかね。

春日　一作目、二作目でそれを否定して新しい時代劇をつくろうとするんですけど、四作目で三隅研次が外れたことで、またある種の原点回帰をしていくわけです。

町山　岸田森が催眠術を使って人を斬る役で再登場なんですけど、女性に剣を教えるときに催眠術を使って、そのまま犯しちゃうというひどい奴。

春日　あの催眠術は面白いですよね。炎の幻術で、「いいか、炎を見るな。俺の目を見ろ」。目を見ると、実は目で催眠かける幻術になってて、それで犯すというね。

監督VS撮影バトル勃発！

町山　でもまた五作目『冥府魔道』（'73）で監督は三隅研次に戻る。

春日　三隅研次に戻るんですけど、カメラマンが森田富士郎になるんですよ。この二人が相性が悪くて、現場ではずっと喧嘩してたらしいです。森田カメラマンは後で五社英雄と組んでいく人ですけど、五社英雄がなぜ森田カメラマンがよかったかというと、五社は役者の演技しか興味がなくて、映像は全て森田さんに任せられる。森田さんは監督に率先してコンテをつくっていくカメラマンなので。

町山　でも三隅監督はコントロールしたい。

春日　それで仲が悪くなって。この五作目は砂丘の画があるんですけど、ここは明らかに森田富士郎の画になってるんですよね。砂丘の稜線の向こう側に無数の刀がきらきら輝いている。完全にこれは三隅研次じゃなくて森田富士郎のカットですね。三隅監督はあまりこういうトリッキーな画が好きではなくて。

町山　砂丘の縁に、最初は人が見えないで刀だけがきらきら光っていて、後から人が出てくる。

春日　同じ砂丘のシーンで二作目と比べてみると、二作目は残酷描写がたしかにすごいんですけど、映像的には比較的オーソドックスに撮ってるんです。五作目のほうが描写的には残酷度はないんですけど、カット的にはトリッキーに撮ってる。これは森田富士郎の撮り方です。それが三隅監督は嫌なんですよ。ちゃんと撮ってほしいから。

町山　室内で延々続く殺陣も暗いんですよね。よく見えないいんですよ。

キャストに〝若山一家〟集結！

春日　若山富三郎がプロデューサーとして二作目なのもあるので、「俺は好きにやる」と言わんばかりに役者陣がほとんど若山ファミリー。

町山　山城新伍[*33]が出てくるんですよ。

春日　山城新伍が出てきたら若山ファミリーって感じしますよね。それから当時付き合っていた安田（現・大楠）道代[*34]に弟分の志賀勝。

町山　父親は東映の時代劇俳優なんですが、志賀勝自身の顔は時代劇に合わない。やくざ向き。

春日　それから柳生烈堂のキャスティングが替わっています。二作目で三兄弟の一人として出てきた大木実が今度は烈堂の役で出てくるんですけど、大木実は盟友中の盟友です。若山富三郎が勝新と仲違いして若山プロをつくろうとしたとき、専務になるのが大木実なんです。

町山　大木実の顔も時代劇に合わない。
春日　この人もやくざ映画の人ですからね。
町山　五作目はそんな感じで。これが三隅研次監督での最後の作品なんですけども。

すったもんだの挙げ句、シリーズ終結

春日　六作目『地獄へ行くぞ！大五郎』（'74）が最後なんですけど、まずはどうシリーズが終わっていくかというお話をします。若山富三郎としてはまだ勝新太郎が許せないわけですよ。六作目のときは二人はまったく口を利かなかった。お父さん（長唄三味線方の杵屋東治）が間に入るんだけど、いつもの兄弟喧嘩だろみたいな感じでお父さんはいたんだけどそんなもんじゃなかった。しかもシリーズのスタート段階で東映の専属だった若山富三郎は三作目から勝プロの所属になって、東映を外れるわけです。東映も『仁義なき戦い』が当たって世代交代したので専属を切っていった時代でもあって。若山富三郎もそれで勝

＊33　テレビ時代劇『白馬童子』（'60）で人気に。『仁義なき戦い』シリーズ（'73〜'74）など。バラエティでも活躍。
＊34　大映の看板女優。フリーのち、『ツィゴイネルワイゼン』（'80）など。

プロに移るんですけど、喧嘩するので六作目で若山プロをつくって出ていくという状態になって。

何とか仲違いをまとめないといけないということで、喧嘩の元になったのがテレビ版の『子連れ狼』ですから日テレが気を遣うわけですよ。「じゃあ、うちが間に入ります」ということで、日曜日に時代劇の枠をつくる。「この枠で若山さん、好きなものをつくっていいですよ」と提供するわけです。勝新も「俺もその作品にどれだけでも協力する」ということで、若山富三郎が企画したのが、放送禁止用語ですけど『唖侍《おしざむらい》 鬼一法眼《きいちほうげん》』（'73〜'74）という作品でして。『唖侍 鬼一法眼』というのを若山富三郎は企画するわけです。これの何がすごいかというと、五社英雄の原作です。五社英雄はこのとき、フジテレビの社員なんですね。フジテレビの社員の原作の作品が日テレで流れるというすごいことが起きた。しかもその作品が『唖侍』というタイトル。

勝新はこの作品で兄に頭を下げたいというのがあるので、普通なら出ないような盗賊の脇役でこれに出てるし、監督も自らやる。かなり若山富三郎に対してサービスするということで、これで二人が和解するという形になるんですけど。そういうことになって、もう映画はやれなくなってしまった。

町山　『唖侍』をやらなきゃいけないから。

春日　結局、勝新も可哀想なんですよ。東宝としては当たってるのは『子連れ狼』だというのがあるので、それが終わると七四年の契約更改で内容を変えられます。今まで年間契約だったのが一本ごとに更新していくという普通の契約になっちゃって。そこから勝新は苦労しはじめるわけです。それで高倉健を連れて『無宿　やどなし』（'74 斎藤耕一監督）をつくって、こけて、映画をつくれなくなってくる。そこは東宝。ドライなんですよ。功労者なのに、若山富三郎がいなくなったとたんに切るわけですから。

クライマックスの雪山スキー決戦！

春日　六作目でついに裏柳生との最終決戦が描かれるんですけど。
町山　柳生烈堂と対決。驚くべきはスキー・アクション。
春日　映画史上、おそらく初めてだし、今後も二度とないんじゃないですか。
町山　やってほしいなあ。
春日　スキー乳母車。乳母車の下にスキーがついていて、若山富三郎が乳母車の後ろに乗っかってザーッと滑っていくという。
町山　敵がものすごい人数でスキーで追いかけてくる。その先を逃げる拝父子。で、どんどん敵が迫ってきて、あ、追いつかれる！と思うと、なぜか追っ手が拝父子を追い越しちゃう。『幻の湖』*35（'82　橋本忍監督）か！

春日　あとすごかったのが、若山富三郎が敵の放った鎖に繫《つな》がれるとこ。

町山　そうそう、乳母車の上に立つんですよ。

春日　その腕の両側は鎖ですよ。それで繫がれたまま滑っていくのをワンカットで撮ってるんです。スタントなしで。本当にこのシリーズで体張って、いろんなところでトンボ切ったり、人の上を飛び越えて頭から落ちてそのまま立ち上がって斬ったりやってきましたけど、ここで頂点に達しましたね。なんせ雪山の上で鎖に繫がれたまま滑るわけですから。手が使えない状態で乳母車の上に乗っかって滑るという。さらにそこから脱出しますからね。

町山　あと、乳母車のマシンガンに対抗して、敵はロケット砲を撃ってくる。しかも拝父子を直接狙うのではなく、「お前が私たちと決闘しない限り、お前の周りの罪もない人たちを全部殺す」と、父子にちょっとでも関わった人がバンバン爆殺されていく。

春日　ロケット砲、びっくりしますよね。

町山　鳥追《とりおい》の女性が木っ端微塵《こっぱみじん》。

春日　あの女が殺すのかなと思ったら、あの女にロケット砲が飛んできて殺される。

町山　もう、何でもあり。

アイデア爆発の猛烈なアクションが展開！

春日　最終作は美間・牧浦コンビが三作目以来戻ってきたので、映像とか残酷描写が一作目のように戻ってくるというのが一つと、もう一つは黒田義之[*36]監督なんですね。

町山　第二班監督だった人。つまり芝居よりもアクションや特撮の担当。

春日　千葉真一の『影の軍団』（'80～'85）というテレビシリーズのメイン監督になる人ですけど、こういうのが大好きで。第二班の監督で何をやってきたかというとたとえば『大魔神』（'66 安田公義、三隅研次、森一生監督）の特撮。大映京都の特撮シーンはこの人です。

町山　『妖怪大戦争』（'68）も撮ってます。

春日　その人がやったもんだから全編それ。土蜘蛛党というのが出てきますけど……。

町山　地中をドドドドドッと動く。

春日　モグラみたいに。あと若山富三郎もアイデアマンなんですよ。だから、こんなことできないか、あんなことできないかと、無茶なことを言って、自分が最終的に体張るのにどんどん提案して。スキー殺陣も若山富三郎のアイデアだと思うんです。

＊35　愛犬殺害犯を追うためにマラソンに励むヒロインだが、いざ追いついたとき、なぜか追い越す。
＊36　『大魔神』シリーズ（'66）などの特撮を担当。テレビ『座頭市物語』（'74～'75）なども演出。

町山　『女王陛下の007』（'69 ピーター・ハント監督）みたい。
春日　それを時代劇の立ち回りでやっちゃうわけですからね。
町山　でも、これでシリーズは終わるんですね。
春日　これは終わらせるための作品でもあるんです。

炸裂する若山富三郎!!

春日　やっぱり若山富三郎の身体能力あってのシリーズだと思います。あの巨体であの動きができる。武芸が全部できちゃう人ですから。
町山　刀を鞘《さや》に納める動きが本当にかっこいい。
春日　本当はあそこまでやらなくてもよかったんでしょうけど、自信があるんですよ。「見てくれ！」って感じでやりまくっています。四作目で一対一〇〇くらいの殺陣をやるじゃないですか。あそこで普通だったら納刀しないで斬りまくるのに、二回くらい納刀してるんですよね。いちいち納刀してから居合やってるんですよ。長い殺陣だと普通はそんなところ見せられない。でも、見せたかったんでしょう。しかも独特の納刀なんですよね。あれが自分の見せ場だと思ってる。
町山　トランポリンもよく使ってますよね。

春日　若山富三郎、くるくる回って。

町山　信じられないほど身が軽い。

春日　『座頭市千両首』のときは頭から落馬してそのまま立ち上がって殺陣とかやってました けど、『子連れ狼』でも頭から落ちてそのまま立ち上がるっていうのをやっています。しかもほぼ吹替なし。あと大滝秀治を水中で泳ぎながら殺すとかね。他の役者じゃここまでできなかった。若山富三郎というアクションバカというかチャンバラバカというか、そういう人があってこその作品だったと思います。

町山　何しろ「ぶりぶり」に本当に耐えた男ですからね。

第五章

『竜馬暗殺』『浪人街 RONINGAI』
――ザ・アウトロー、原田芳雄

『竜馬暗殺』

公 一九七四年八月三日 製 映画同人社＝ATG 配 ATG 時 一一八分

監 黒木和雄 脚 清水邦夫、田辺泰志 企 黒田征太郎、富田幹雄、葛井欣士郎 製 黒田征太郎、富田幹雄、葛井欣士郎、宮川孝至 撮 田村正毅 美 山下宏 音 松村禎三 録 加藤一郎 照 上村栄喜 編 浅井弘 出 原田芳雄（坂本竜馬）／石橋蓮司（中岡慎太郎）／中川梨絵（幡）／松田優作（右太）／桃井かおり（妙）

大政奉還後の京都。坂本竜馬を狙う中岡慎太郎と少年右太。三人は奇妙な友情を育む。しかし暗殺の手は容赦なく忍び寄る。

『浪人街 RONINGAI』

公 一九九〇年八月一八日 製 山田洋行ライトヴィジョン＝松竹＝日本テレビ放送網 配 松竹 時 一一七分

監 黒木和雄 総 （総監修）マキノ雅広 脚 笠原和夫 原 山上伊太郎 企 鍋島壽夫 製 鍋島壽夫、足立侃三郎、務台猛雄 プ 山崎義人、野村芳樹、垂水保貴 撮 高岩仁 美 内藤昭 音 松村禎三 録 加藤一郎 照 美間博 編 谷口登司夫 特 宮川一夫 出 原田芳雄（荒牧源内）／樋口可南子（お新）／石橋蓮司（母衣権兵衛）／田中邦衛（土居孫左衛門）／勝新太郎（赤牛弥五右衛門）

夜鷹を無差別に殺す非道な旗本たちを殺すべく、スラム街のアウトローたちが立ち上がる！

『竜馬暗殺』

裸俳優・原田芳雄

春日　中学の頃、『浪人街』を見て原田芳雄[*1]を初めてかっこいいと思いました。

町山　どこがよかったですか？

春日　胸元はだけてだらしない感じで、かっこいいなって。ザ・アウトローという。

町山　そう！　原田芳雄、現代劇でもシャツのボタン三つぐらい外して、いつも胸元全開ですが、『浪人街』ではお尻まで見えて、ほとんど裸です！

春日　かっこいいんですよ、それが。髪の毛ざんばらで。

町山　もはやエロですよ。

春日　世の中を馬鹿にしてる感じがするじゃないですか。そのアウトローな感じがものすごくかっこよくて。まあこの映画ではどちらかというと石橋蓮司のほうに惹かれていったんですけど。

＊1　俳優座出身。『ツィゴイネルワイゼン』（'80）『父と暮せば』（'04）など。

町山　僕にとって、原田芳雄は長髪の人でした。ビートルズみたいに綺麗なマッシュルームじゃなくて、ぼさぼさの長髪で映画に出てきた人でした。最初は東宝映画『赤い鳥逃げた？』（'73 藤田敏八監督）の予告編でした。「東宝チャンピオンまつり」の前に流れたんです。桃井かおり＊2のおっぱいが……。

春日　子どもに見せちゃいけないものが……。

町山　セックスしてるわけですよ、原田芳雄と桃井かおりが。原田芳雄は日活の『反逆のメロディー』（'70 沢田幸弘監督）からヒッピーでした。やくざなんだけど長髪にレイバンのサングラスにサファリジャケットにジーンズで、当時のヒッピーやカウンターカルチャーを代表する俳優でした。特に全共闘世代が七〇年安保で敗北した時代だったので、革命に挫折して目的を見失った男、いわば浪人のイメージでした。だから、原田さんはたいていの映画で何もしないで女の部屋でごろごろしてるんです。

春日　時代劇のはずの『柳生一族の陰謀』（'78 深作欣二監督）ですらそうでしたからね。大原麗子のヒモの浪人でした。

町山　ごろごろしながら、はだけた胸をポリポリかいている。

春日　『はなれ瞽女《ごぜ》おりん』（'77 篠田正浩監督）で共演した時のことを岩下志麻＊3さんにうかがったら、原田芳雄って休み時間の間ずっと日焼けばかりやってるらしいんです。

町山　なるほど！　だから胸が白くないんだ！

春日　綺麗に裸を見せられるように、ずっと空いてる時間は焼いてるっていう。

町山　裸が売り物だったんですね、明確に。

春日　すごく意識してるんです、どう見せるかということを。

町山　お尻も綺麗なんで、きっとお尻も焼いてんだね。とにかくヒッピー的な、カウンターカルチャー的な、反体制的なムードが魅力でしたが、それを時代劇にもってくるのが面白いところなんですけど。

時代劇の常識を破る斬新な映像

町山　『竜馬暗殺』は、僕は当時見たときに画面に何が映ってるかよく見えなかったのを覚えています。これ、一六ミリフィルムで撮ってますか？

春日　モノクロの一六ミリでやってます。しかもドキュメントの手法で手持ちで撮ってい

＊2　蓮っ葉で気だるい女性像を新しく打ち出した。『青春の蹉跌』（'74）『幸福の黄色いハンカチ』（'77）『東京夜曲』（'97）など。

＊3　『心中天網島』（'69）『はなれ瞽女おりん』（'77）『極道の妻たち』シリーズ（'86～'98）など。

ますから、画面がざらついてる上に動くので、たしかに見えにくい。
町山　トライXか何か高感度のフィルムを使ってるんでしょう。当時のドキュメンタリーが大抵そうですね。それに、照明がクレジットされてるけど、ろくに照明当ててませんね。
春日　おそらく屋内のナイトシーンに関してということだと思うんです。あそこはそれなりに照明は凝ってるはずなんですよ。
町山　でも、ほとんどのシーンは真っ暗。
春日　その話をまず始めると。この辺りの話は『映画作家 黒木和雄の全貌』という本からになるのですが。これはカメラマンが田村正毅[*4]で、小川紳介[*5]というドキュメントの巨匠と組んできた人なんですよね。黒木和雄監督[*6]ももともとドキュメント出身の人で。その黒木和雄がテレビで『天皇の世紀』（'73）というテレビシリーズの演出をやったんですね。これがちょっと変わったドラマで。
町山　大佛《おさらぎ》次郎のノンフィクションを基に、幕末の志士たちを現代のドラマのように撮影した、ドキュドラマ。
春日　幕末の激動をドラマ化した時代劇ではあるんですけど、そこに伊丹十三[*7]が現代人の格好でレポーターとして現れて、歴史上の人物たちにインタビューとかしていくという。
町山　『天下御免』（'71～'72）とか『お荷物小荷物』（'70～'72）とか、フィクションとドキュメンタリーの境界を越える番組が流行していた時代でした。

春日　それのまさに「竜馬版をやりたい」というのが黒木監督にはあって。大佛次郎の『天皇の世紀』の一編に「竜馬暗殺」という回があって、そこからタイトルはもってきています。「幕末の空間にカメラを入れてドキュメントタッチでニュース映像のように追いかけていったらどうなるだろう」というところから始まっているので、この田村正毅をカメラとして起用したというのが黒木監督としてはあったんですね。

町山　田村カメラマンは小川紳介監督とドキュメンタリー『三里塚』シリーズ（'68～'77 全七作品）を撮ってますね。成田空港の建設で立ち退かされる農民たちの抵抗運動を小川監督たちがずっと撮り続けた連作です。彼らの戦いを記録して、それを定期的に公開していました。そのスタッフである田村さんが、幕末の志士をドキュメンタリー・タッチでドラ

＊4　『三里塚』シリーズ（'68～'77）『タンポポ』（'85）など。
＊5　成田空港反対闘争を記録した『三里塚』シリーズ、『ニッポン国　古屋敷村』（'82）など。
＊6　『TOMORROW 明日』（'88）『美しい夏キリシマ』（'02）『父と暮せば』（'04）の〝戦争レクイエム三部作〟が有名。
＊7　俳優、映画監督。父は伊丹万作。監督作品に『お葬式』（'84）『タンポポ』（'85）など。

マにしていた黒木監督と組んでつくったのが、この『竜馬暗殺』なんですね。

製作当時の世相を〝幕末〟に重ね合わせる

春日　もう一つは、このちょっと前にNHKの大河ドラマで北大路欣也主演で『竜馬がゆく』（'68）があって、司馬遼太郎原作も含めて竜馬ブームが起きる。ただ、司馬遼太郎の竜馬は綺麗事じゃないかというのが黒木監督の中にはあって。ヒーローとして描いていますからね。でも、竜馬というのは考えてみたら面白いと。特に、なぜ殺されたかがわからない。どうもこれは倒幕派の内ゲバだったんじゃないかというのが黒木監督の中に出てきて。それで、そこを突き詰めていくことになりました。

そうなると、まさに原田芳雄の世界ですよ。七〇年代には内ゲバがあり、左翼闘争がどんどん先鋭化していく。それと倒幕派の動きは実は同じなんじゃないかということで、製作当時の世相を幕末に重ね合わせていったというつくり方なんですよね。そして庶民たちの間では「ええじゃないか」が動く。これが高度成長の日本じゃないですけど、一方で革命家たちが内ゲバしながら真剣に革命を論じているのに、庶民たちはそんなことと関係なく動いていく。この二重写しの感じも含めて、当時の世相がこの幕末を通して描けるんじゃないかというのが黒木和雄の考えでした。だから原田芳雄という人間が必要だった。現代という時代を背負った人間に竜馬をやらせて、現代人として竜馬を描いていく。

町山　七〇年安保は学生たちが国に立ち向かって敗北しました。挫折した闘士たちの大半は諦めて社会に順応しましたが、少数の人々はさらに過激な武力闘争へと先鋭化して地下に潜りました。彼らはだんだんと内部で闘争の方法をめぐって分裂、対立し、抗争や粛清を行うようになりました。「あいつは日和《ひよ》ってる」とか「あいつは寝返った」といって運動家を鉄パイプなどで殴り殺す、そんな事件を内ゲバと呼びました。ゲバはゲバルト、政治的闘争の意味ですが、体制に向かわずに内側に向かったわけです。有名なのは連合赤軍事件ですけど、そんな当時の左翼の状況を幕末の時代に投影して描いたのが、この『竜馬暗殺』なんですね。

春日　そこを時代劇として描く狙いがあったところが、この映画の面白いところです。

竜馬役起用のワケ

春日　ここで原田芳雄という俳優の当時の立ち位置を解説しておきますと、元は俳優座でシェイクスピアとかの新劇をやっていました。ただ当時、演劇界はどんどん動いていて「アンチテアトル運動」といって、俳優座などの新劇の老舗劇団に対して新宿とかでどんどんアングラな劇団がつくられていきました。

町山 唐十郎《からじゅうろう》*8とか。

春日 寺山修司とか、蜷川幸雄とか。そういうなかで俳優座の若手たちも「俺たちはこのままじゃいけないんじゃないか」というので、千田是也《せんだこれや》*9であったり小沢栄太郎*10であったりという俳優座の重鎮たちに新しい演劇をやるよう申し立てていくわけです。ところが彼らは意見を聞かなかった。「それなら俺たちは出ていく」ということで、中村敦夫*11を中心に、原田芳雄、市原悦子*12、地井武男*13たちが出ていく。で、出ていったグループでまた内ゲバをやる。

町山 旧左翼と新左翼という言葉がありました。旧左翼とは日本共産党のことなんですよ。昔は左翼といえばそれだけでした。代々木に本部があるので代々木系ともいいます。日本共産党は最初、ソ連のような人民革命を目指していましたが、戦後、革命路線をあきらめて、議会制民主主義の枠のなかで議員を出して政権を目指す方針に変わりました。それに反発して共産党と決別し、革命を目指し続ける人たちを新左翼と呼びました。中核派とか革マルとか山ほど派閥があるんですが。その左翼の分裂と似たようなことが、新劇の世界でも起こりました。旧左翼にあたるのは俳優座とか青年座です。

春日 彼らは実際に共産党のシンパで深い関係にあって、それで山本薩夫*14の映画に出たりしていたわけですよね。でももうそういうことじゃないと。もっともっと急進的な世の中になってるんだから、そっちに合わせていかないとだめなんじゃないかという若者たちが反旗を翻していく。

町山　旧左翼の映画監督は、熊井啓[*15]とか山田洋次[*16]、山本薩夫といった人たちで、日本共産党のポスターや新聞広告に彼らの名前をよく見かけました。で、俳優座とか青年座ではイプセンとかチェーホフの古い芝居を演じていたんですが、六〇年代終わりに、もっとラジカルな演劇運動が起こります。いわゆるアングラ劇団といって、劇場じゃなくてテントを

＊8　劇作家、演出家、俳優、小説家。紅テントを旗揚げ、アングラ演劇の代表的存在となる。
＊9　日本の新劇を代表する演出家。小沢栄太郎らと俳優座を結成。著書に『演劇入門』など。
＊10　俳優、演出家。千田是也らと俳優座を結成。映画出演作に『雨月物語』（'53）など。
＊11　時代劇スター。テレビ時代劇『木枯し紋次郎』シリーズ（'72〜'73）で人気を博す。
＊12　独特の声と風貌が印象的な女優。『家政婦は見た！』シリーズ（'83〜'08）、テレビアニメ『まんが日本昔ばなし』（'75〜'94）の語りなど。
＊13　俳優座〝花の一五期生〟の一人。テレビドラマ『北の国から』（'81〜'02）など。
＊14　社会派映画の巨匠。『白い巨塔』（'66）『戦争と人間』三部作（'70〜'73）など。
＊15　社会派監督。『黒部の太陽』（'68）『サンダカン八番娼館 望郷』（'74 ベルリン映画祭銀熊賞）など。
＊16　松竹を支えた映画監督。『男はつらいよ』シリーズ（'69〜'95）『たそがれ清兵衛』（'02）など

張って神社でやったり、倉庫で、不条理で実験的で政治的でエロティックな芝居をするようになる。そこに俳優座から飛び込んでいった俳優たちのシンボル的な存在が原田芳雄さんだったわけですね。

春日　そしてまたその中で揉めたので、もう舞台じゃやっていけない、映画でやっていくんだという方向に原田芳雄は向かっていきます。そして出会った作品がこれだった。だから彼としてもものすごく意気込みも強かったみたいです。

町山　幕末の志士たちの派閥抗争に、当時の日本の左翼の派閥抗争、さらに演劇界の分裂を重ねたのが『竜馬暗殺』なので、ただこれだけ見てもわからないわけですよ。

春日　世相がすごく反映された映画ですからね。その象徴とも言えるのが――当時のアングラ演劇の代表的な俳優でもあった石橋蓮司が中岡慎太郎という竜馬の相棒をやっているわけですけど――二人が長々と革命談義を始めるシーンです。国家はいかにあるべきか、いかに革命するのか、大衆とは何か。しかも、これ完全にアドリブなんですよ。

石橋蓮司とのコンビネーション

春日　議論のシーンですが、台本には台詞は何も書いてなくて、「お前らで勝手に議論しろ」みたいなことが書いてあったんです。

町山　俳優たちがアドリブで政治談義ができる時代だったんですね。みんな普段していたから。石橋蓮司[*17]扮する中岡慎太郎は、武力による倒幕、国家転覆を主張するんだけど、原田芳雄扮する竜馬は、そんなことしてもしょうがないと言う。そんなことしてもお前らが新しく権力とるだけだろ。そんなの首がすげかわるだけじゃないか、と、ザ・フーの『無法の世界』の歌詞みたいなことを。実際の竜馬の思想とは関係なく、七〇年代初期の政治論争を投影してるんだけど、あれがアドリブなの？

春日　アドリブですね。

町山　すげえ。

春日　原田芳雄という俳優は基本的にアドリブ大好きで、ご本人が『アウトローに挽歌はいらない』（梅林敏彦著）というインタビュー集で語っているんですが、もともとコンプレックスがあって、それがアドリブに繋《つな》がっていく、と。子どもの頃から人前で話すのが苦手で、失語症的なところがあって、それが演劇をやるようになって芝居に入ると言葉が喋れる、と。嬉しくなってくるので、だったら台本どおり喋るのがつまらなくなってくる。芝居でこんな喋れるんだから「俺、もっと喋りたい」となっていって、どんどんアドリブ

＊17　深作欣二、神代辰巳、降旗康男に重用された名脇役。テレビ、映画と幅広く活躍。妻は緑魔子。

のほうに走っていく。
　だから俳優座に対して彼が反旗を翻したのも、俳優座にいればいるほど芝居が枠にはめられていく窮屈さがあったようです。どうしてもあそこは演技のメソッドがあって、台本を一字一句変えてはいけない流儀が基本的にありますから、「俺はそうじゃないんだ、もっとアドリブをやりたいんだ」という中でぶつかって出ていって、この作品でアドリブと出会う形になります。ですから、ものすごくうきうきとしながら芝居をしています。ところが一方の石橋蓮司は子役出身で、日本舞踊もやってる人で、実はがっちりと芝居をつくってきたがる俳優だったんです。

町山　伝統から出てきた人。

春日　だからご本人もおっしゃっているのは、「アドリブでやっていくのはつらい」と。「俺はハプニングに強いようでいて、意外と計算しちゃうほうだ」と言っているんですけど。でもそれがこの作品はうまくいった。原田芳雄がアドリブでガンガン来るのを、芝居としてフォローしていくのが自分の役割だと石橋蓮司は気づくわけです。

町山　芳雄が投げて蓮司が拾う。

春日　拾って芝居としてまとめていく。原田芳雄がピッチャーでどこ投げてくるかわからない、ノーサインで投げてくる、あるいは暴投もあるのに対して、石橋蓮司はキャッチャーとして全部受け止めていく。それをそのまま映していったのが二人のやりとりなんですよね。まさに竜馬と慎太郎の関係が原田芳雄と石橋蓮司の芝居の関係性そのものになり、それがドキュメントとして映っていくわけです。たとえば原田芳雄が言葉に詰まったりもするんですよね。あれは本当に詰まってるんです。ドキュメントとして面白いから黒木和雄がそのままやらせました。「幕末にカメラを入れたらどうなるんだろう」という疑似ドキュメントでありながら、この現場の様子そのものもドキュメントで撮っていくという、二重のドキュメントの意味合いがこの作品には実はあったんです。

町山　いやあ、面白いねえ。アメリカ映画では、演技といえば台本を読んでいくだけだったのが、マーロン・ブランド[*18]やジェームズ・ディーン[*19]がアドリブをがんがん入れるようになった。彼らはスタニスラフスキーによるメソッド演技といって、内面的にキャラクターになりきっていればシナリオをまったく無視してもそのキャラクターとして喋り、行動ができる、という演劇理論の訓練を受けており、そこからアメリカン・ニューシネマの自由な映画づくりが始まっていきました。その前にフランスではヌーヴェルヴァーグで、俳優

＊18　アメリカの名優。『ゴッドファーザー』（'72）『ラストタンゴ・イン・パリ』（'72）など。
＊19　『エデンの東』（'55）で注目を浴びるが、二四歳で事故死。

たちがアドリブで話し、カメラも即興で自由自在に撮っていく。そこから松竹日本ヌーヴェルヴァーグやATG[20]が生まれた。で、大島渚のディスカッションドラマでいちばん強烈なのが『日本の夜と霧』（'60）なんです。日本共産党と新左翼の論争をそのまま映画に持ち込んでしまう。『竜馬暗殺』のこの論争もそうだよね。

男たちの三角関係

町山 ただ、『竜馬暗殺』は当時の政治運動を幕末に投影しただけの映画じゃない。二重、三重の面白さがある。それをつくり出してた原因が……。

春日 異分子が一人いるんです。

町山 松田優作。[21] 原田芳雄と石橋蓮司は竹馬の友だけど、革命派の中岡と革命に懐疑的な竜馬は対立しちゃっている。そこに人斬りの松田優作が入ってくる。

春日 議論の通じないテロリスト。

町山 人斬りなんだけど、実は竜馬に憧れるストーカーで、竜馬を斬れるのに斬らないでまとわりつく、かまってちゃん。まったく喋らないけど。

春日 弟キャラみたいな感じで。

町山 中川梨絵[22]扮する女郎の弟なんだけどね。この松田優作のせいで、なんだかおかしな話になってくる。

春日　もともと田辺泰志[*23]が第一稿の脚本を書いたときは、テロリストと革命家と革命に飽きた三人の男のドラマ、そこに女性が関わってくるというがっちりとした物語をつくっていたのですが、清水邦夫[*24]が第二稿を書いた段階で、三角関係のラブストーリーに変えていく。これが原田芳雄、石橋蓮司、桃井かおりの三角関係のラブストーリー。ところがこれが現場でアドリブやっているうちに違う三角関係になった。女性が消えて、原田、石橋、松田の三角関係になってくる。

町山　当時の資料を見ると、桃井かおりをめぐる三角関係って書いてある。それはシナリオを基にまとめたからだね。完成した映画を見ると、桃井かおりは消えて、松田優作が原

＊20　日本アート・シアター・ギルド。芸術的な外国映画の上映と、意欲的な低予算の作品の製作を手掛けた。

＊21　テレビドラマ『太陽にほえろ！』（'73〜'74）『探偵物語』（'79〜'80）映画『野獣死すべし』（'80）などで人気を博した青春スター。

＊22　初期の日活ロマンポルノで活躍後、『歌麿 夢と知りせば』（'77）『ラブホテル』（'85）など。

＊23　『冒険者たち』（'75）『夕暮まで』（'80）などの脚本を執筆。

＊24　劇作家、演出家。映画では『あらかじめ失われた恋人たちよ』（'71）『悪霊島』（'81）などを執筆。

田と石橋の二人の恋愛関係に入っていく話にしか見えないの。

乙女な石橋蓮司

春日　それと同時に、石橋蓮司がどんどん恋する乙女の顔になっていくんですよね。天真爛漫な竜馬に振り回されてやきもきするツンデレの中岡慎太郎という映画なんです。天真爛漫な竜馬が好き勝手に動いてて、「おーい竜馬、待てよ！　俺はお前を殺すんだよ！」とか言いながら、実は大好きでしょうがない中岡慎太郎がいるという、二人のいちゃいちゃしたラブストーリーに完全になっているんですよね。

町山　そこに松田優作がくっついて、三人でいちゃいちゃする。そこに別の暗殺者が襲ってくると、三人一緒に刺客を斬り殺す。で、またいちゃいちゃしてる。なんだこりゃ。

春日　このいちゃいちゃシーンが衝撃的で。石橋蓮司がそれまで殺気に満ちた顔で「竜馬殺す。竜馬殺す」と言っていたのが……。

町山　女装して革命談義している二人がいる。

春日　女装して口紅塗って顔白く塗って二人が熱く語って、次のカットで二人が添い寝してるんですけど、竜馬に抱かれてるときの石橋蓮司が好きな人の横で寝ている女の子そのもの。

町山　竜馬は仰向けで寝てるんだけど、石橋蓮司は竜馬に寄り添って寝る格好なんですよ。

春日　乙女の寝方してるんです。

町山　顔も化粧してるし。

春日　可愛いんですよ、この石橋蓮司が。『ロミオとジュリエット』のジュリエットの顔。

町山　処女を捧げた石橋蓮司。

春日　竜馬のほうはヤリチン然としている。で、その後に石橋蓮司が竜馬のことを語るときに、なんか嬉しそうな顔になってるんですよね。

町山　司馬遼太郎の『竜馬がゆく』は美化しすぎと言われますよね。実際の竜馬は結婚詐欺みたいなことをしてる、いいかげんな奴なのに。それは『竜馬暗殺』のほうがリアル。

春日　黒木和雄も言ってましたけど、キャスティングの段階で原田芳雄が自由奔放に芝居できる人で、石橋蓮司は日本舞踊やってて子役出身でああ見えてがっちりした折り目正しい芝居をしてくる人なので、その二人の芝居がそのまま竜馬と慎太郎になるだろうというのがあってキャスティングしたらしい。そこがうまくはまりましたよね。

町山　そこに割って入る松田優作がけっこう若くて可愛い。ほとんど一言も喋らないで原田芳雄についてまわるうちに原田芳雄に似てくるの。実際そうだったんだよね。

春日　本人がそうですからね。松田優作は原田芳雄が好きでしかたなくて。

町山　ファッションも真似して。『太陽にほえろ！』（'73～'74）のジーパン刑事のスタイルはもともと原田芳雄だし。

春日　しかもジーパンやってる最中にこれの撮影もやってますから。だから原田芳雄が好きでしょうがない松田優作がそのまま出てる。そこもドキュメントなんです。

町山　松田優作は原田芳雄があまりに好きで、原田芳雄さんの家の隣に家を買っちゃったくらいで。

慎太郎＝石橋蓮司の想いが爆発するラストシーン

春日　この作品が素晴らしいのはラストです。中岡＝石橋蓮司の想いが爆発するんですけど、「ラストで俺がすぐ情緒的になっちゃうんだよね。どうしても俺、山場になると泣いちゃって。人間と人間が触れ合うことに幻想をもっちゃうんだ」ということを石橋蓮司さん自身がおっしゃっています。そこが乙女心になっているというか。

町山　「好きだ」みたいに告っちゃうんだよね。

春日　「なんで俺を連れて行かん！」と。

町山　竜馬が中川梨絵さんを連れて行くって言うと、石橋蓮司が怒っちゃうの、なんで俺じゃなくて女を連れて行くんだって。

春日　このシーン、石橋蓮司はずっと何か怒ってて、でもなんで怒ってるかわからないんですよ。何かいらいらしてて竜馬が「どうした？」みたいになったら「なんで俺を連れて行かん！」と。

町山　で、竜馬がびっくりするの。「え？　お前、そうなの？」みたいな感じで。

春日　ここもアドリブなんです。

町山　そうなの?!

春日　ラストで情緒的になっちゃうというのはそういうことなんです。情緒的になって、驚いてるのも原田さんのアドリブらしいです。

低予算映画なのにすごい美術と殺陣

春日　あとこの映画について語らなきゃいけないのは、セットがすごくしっかりしてることです。

町山　大宮という実在の、竜馬が隠れてたところですね。

春日　そのへんの考証とか風情がちゃんとしているのはなぜかというと、実は大映京都撮影所のスタッフたちがつくっているんです。といって、これはＡＴＧですから予算が一〇〇〇万円しかないので、普通だったら頼めないわけですよ。しかも大映京都撮影所というのはもちろん大映の撮影所ですから、そこのスタッフは大映の映画じゃないと使えなかった。ところが一九七一年に大映が潰れてるんですよね。それでスタッフたちは映像京都という会社を新たに自分たちだけでつくって、自分たちの気に入った映画にのみ協力する……という体制をつくっていて。それで黒木和雄と関係が深くなっていて、ATGの低予算映画でも惜しみなく技術を注ぎこんでいきました。この前にも『本陣殺人事件』（'75高林陽一監督）に美術セットを提供したりとかやっていましたので、ATGとの関係も強いということで。それで黒木和雄から美術のできる人間を使わせてほしいと言われて、内藤昭[*25]という『眠狂四郎』シリーズ（'63〜'69）を代表とする大映のエース級の美術監督がここにやって来て、普通のこの予算ならできないだろうセットをつくり、京都に行ってロケーションも選んでくれた。それともう一つは殺陣《たて》ですよね。立ち回りがすごいんです。

町山　一瞬しかないんですけどね。

春日　けっこう生々しいシーンなんですよ。これをやった人が久世竜という、東宝のエースだった人です。この人は黒澤明とやってきた人で『用心棒』（'61）『椿三十郎』（'62）『隠し砦の三悪人』（'58）、このへんをやった大物の殺陣師です。普通だったらこの予算の映画には出ないんですけど、この段階で東宝はすでに製作部門を切り離していて、スタッフが皆フリーランスになっているんですね。だから同じように自分がこれをやりたいと思った現場に行けた。そこで久世竜もやって来てこの作品に参加したということです。普通のインディーズ映画には考えられない、メジャーどころのスタッフが並んでいるために、ドキュメントなんですけど背景だったり動きだったりはちゃんとしている。

町山　三人が女装していちゃいちゃしてるから、刺客がナメて襲いかかると、一瞬で返り討ちにされる。三人ともすごい剣の腕ですから。その殺陣は久世竜がやってるんですね。

春日　それからこの現場は時代劇のことを知らない人たちばかりなので、久世竜は所作指導もやっています。立ち方、座り方、歩き方、それも含めて殺陣なんですよね。ちゃんと黒澤映画の流れがここにきている。美術は大映のセットで、動きは黒澤映画だったりだから、ある種の時代劇スタッフのオールスター。

町山　オールスター感があるね。実際オールスターか。よく考えたらこれ。

春日　製作費が一〇〇〇万円の映画にもかかわらずですからね。それでこれだけのものを集めちゃった。日本映画界がちょうど落ち目の端境期《はざかい》だからこそ、みんな志だけで集まってきた。そういう作品なんですよね。

＊25　溝口健二作品から小栗康平作品まで一〇〇〇本以上の作品の美術を担当。『座頭市』『眠狂四郎』シリーズなど大映の黄金時代を支えた。著書に『映画美術の情念』。

松田優作演じる右太＝岡田以蔵

町山 松田優作のキャラは実在しない人だけど。でもこれは明らかに人斬りの岡田以蔵がモデル。実際、竜馬が台詞で言うんですよ。「お前はわしの知っとる以蔵に似とる」と。

春日 言ってますね。

町山 司馬遼太郎の『人斬り以蔵』によると、以蔵は自分というものがないから人の言いなりになって殺人マシーンになるんだけど、本当は素朴で純情な男で、竜馬を兄みたいに慕う。史実では以蔵は『竜馬暗殺』の舞台となる時期には刑死してる。でも、『竜馬暗殺』のスタッフは以蔵をどうしても絡めたかったんだろうね。

春日 本当は以蔵ということにして土佐藩内の三角関係にしたかったんでしょうね。あと、この映画を見てると石橋蓮司が可愛くて仕方なくなってくるんですよ。

町山 松田優作ってこの後『探偵物語』（'79〜'80）とかでも蓮司をすごくオモチャにしてますね。

春日 いじり倒しますよね、予告編で。「口が臭い」とか言って。

町山 先輩のくせに台詞が入ってないとか。

春日 「みなさん、石橋蓮司さんを使わないでください」とか。

町山 松田優作は原田芳雄にずっと憧れ続けてて、歌の歌い方も原田芳雄独特の低音から高音に上がるときの特徴的な甲高い声を真似してて、歌も同じ歌を歌うんだよね。

春日 低音から高音のあの感じ、まったく同じですね。

町山 ところがその後、松田優作は原田芳雄と切れるんですよ。それで桃井かおりが怒ったらしいけどね。「尊敬して兄貴って呼んだんだったら一生兄貴だ」って言ったらしいんだけど、松田優作はどんどん違うほうに行こうとしたから。まさに以蔵みたいにいろんな人に影響されて変わっていく人だったんですね、松田優作は。でもその間もずっと石橋蓮司は原田芳雄といました。

春日 この二人は最後まで黒木和雄の映画にも出続けて、ずっと仲良かったですからね。

ゴールデン街そのもの

町山 石橋蓮司は奥さんが緑魔子[*26]で、緑さんは『探偵物語』の第一話のヒロインだったりする。昔は桃井かおりと緑魔子ってフーテン女の代表格でね。俺の子どもの頃は「あたいはさぁ」って煙草吸ってるフーテン娘はものすごい憧れで、新宿のゴールデン街に行った

＊26 『ひも』（'65）に始まる東映の『夜の青春』シリーズ（'65〜'66）などで売り出した後フリーに。夫の石橋蓮司と劇団「第七病棟」を旗揚げ。

ら「あたい、この間さあ、ピンクに出たのよぉ。ン十万もらったからおごるわぁ」みたいなのがいっぱいいるかと思ったけど、遅かった。

春日　そういえばこの映画、幕末の京都を舞台にしてますけど、現代のゴールデン街がそのまま映し出されてる感じですね。

町山　そう。ゴールデン街の二階でうだうだしてる。実際、内ゲバの新左翼の人たちって女の家に隠れてたんだよね。指名手配されてるし、敵対するセクトに狙われてるから。出られないんだよ、外に。この竜馬って、そんな感じ。

春日　たしかに完全にそうですね。

町山　桃井かおりはテレビドラマ『前略おふくろ様』（'75〜'77）で、ちょっと足りないフーテン娘やってて、そういう人だと思い込んでたら、お父さんが軍事評論家のお嬢さんで。ロンドン留学帰りで英語ペラペラのインテリだったとわかって驚いた。中川梨絵は日活ロマンポルノで神代辰巳《くましろたつみ》[*27]監督の『恋人たちは濡れた』（'73）と『女地獄　森は濡れた』（'73）に主演した女優さんなんですけど、すごい綺麗。

春日　もともとオーディションで決まった女優さんが病気で倒れて、急遽代わったということなんです。

町山　ハーフみたいな美形で。

春日　バタ臭い、目鼻立ちがくっきりして、肌が白くて。

心に残る〝記念撮影〟のシーン

町山　この映画でいちばんいいのが、ライフルを買おうとして間違ってカメラを買っちゃう話。

春日　ライフルが届くはずがカメラが届いちゃうという。

町山　「どうする？　記念撮影しようよ」と言って、彼らが並んで記念写真を撮るんですよ、にっこり笑って。すごい泣けるんだよね。

春日　ノスタルジーとして入ってきますよね。

町山　青春なんですよね。実際にこの後、疎遠になっちゃうわけだから、本当にあのシーンは泣けるんですよね。ジョニー・トー[*28]の『エグザイル／絆』（'06）みたいで。あれも記念写真から始まるんだけれども。

＊27　日活ロマンポルノを代表する監督。『一条さゆり・濡れた欲情』（'72）『四畳半襖の裏張り』（'73）など。

＊28　香港を代表する監督。『ヒーロー・ネバー・ダイ』（'98）『エレクション』（'05）など。

春日　使い方が素晴らしいですね。
町山　本当に青春映画だよね。
春日　青春ラブストーリーとして。
町山　ニューシネマだよね。

『浪人街』

『浪人街』四度目のリメイクが実現するまで

町山　それから一六年して、黒木和雄監督、原田芳雄、石橋蓮司で『浪人街』がつくられるんですよね。
春日　『浪人街』はこれが四度目の映画化です。最初が一九二八年、次が三九年、次が五七年、それぞれマキノ雅広監督[*29]でセルフリメイクという形で撮ってて、山上《やまがみ》伊太郎[*30]が脚本を書いています。これは夜鷹、つまり売春婦を殺して楽しんでいる旗本たちがいて、それに対してふざけんなと立ち上がっていくのが浪人街＝スラムに住んでいる人たち。全員が全員どうしようもない浪人たち。彼らが夜鷹たちのためのために旗本を倒そうじゃないかと立ち上がっていく作品です。オリジナルの映画がつくられた世相的に言いますと、一九二五年に治安維持法ができて、政府から庶民への弾圧が強くなってきた時代だったわけです。で、時代劇って日本の伝統文化みたいに言われますけど、実は当時の権力に対してどうやって異議を申し立てるかという側面もありました。それを現代劇にするとメッセージがストレートになって弾圧されてしまうので、時代劇という形をとってやる。「これ、あくまで過去の話なんで」というエクスキューズ。だから時代劇は日本の伝統とか文化というよりは、その反対側の左翼的なほうから生まれたんです。

町山　歌舞伎もそうだよね。江戸時代の政治的状況を批判するために、過去をもってくる。シェイクスピアもそうで、『ジュリアス・シーザー』で古代ローマの話を演じながら当時の政治状況を批判する。どの国でも昔から時代劇ってのはそういうもので。

春日　悪い旗本を斬っていくという勧善懲悪なんだけど、そこには反権力の想いがある。

＊29　日本映画の基礎を固めた。『浪人街』シリーズ（’28〜’29）『日本俠客伝』シリーズ（’64〜’69）など二五〇本以上を監督。

＊30　一九二〇年代後半に、時代劇映画で活躍。ほかに『首の座』（’29）など。

それを三回リメイクしていって、四回目のリメイクをやろうと言い出したのが一九七〇年初頭に竹中労《つとむ》*31という芸能ジャーナリストがいまして。

町山　美空ひばりやアラカン（嵐寛寿郎《かんじゅうろう》*32）について書いた人。

春日　この人が七〇年代に業界ゴロ的な動きを始めて、アジテーションするんです。日本の映画業界が落ちている、復興しなければいけない、そのためには時代劇を再興する必要があるんだ、それをやるべきは東映である、東映は『浪人街』をリメイクすべきだ、と言って『キネマ旬報』を使って『浪人街』リメイク大キャンペーンをやって、それに東映の岡田茂社長が乗ってきちゃうわけですね。よし、竹中労の言うとおり『浪人街』をやろうと。そこからは竹中労がやりたい放題。ホテルのすごい部屋を準備室に使って、どんどんお金を使っていって、深作欣二、笠原和夫*33、当時の『仁義なき戦い』のエースコンビを使って一緒につくっていったんだけど、だんだん竹中労が面倒くせえなということになって、竹中労を追い出して、かわりに『柳生一族の陰謀』をつくることになっていくんです。『柳生一族の陰謀』で原田芳雄が浪人役をやってるんですけど、あれはちょっと『浪人街』の匂いがある役柄だったりします。

町山　関係ないけど、五社英雄監督の映画『闇の狩人』（'79）でも原田芳雄は同じような浪人をやってますね。すごい腕なんだけどやる気がなくて女の部屋でごろごろしてる。どの映画を見ても同じ。

春日 で、『浪人街』の企画自体はそこからしばらくなくなるんですけど、一九八〇年代の半ばくらいからだんだんバブルの好景気になってきて、そのときに各企業が税金対策を考え出すんですよ。それで映画に投資していこうということで、時代劇をやりたいプロデューサーたちが資金を得て、大作時代劇が八〇年代の終わりにつくられ出す。この映画のときはバブルが弾けかけてるんですけど、まだその景気の良さが残っている時代なので、山田洋行[*34]が入ってお金を出すということで、超大作としてつくられます。やりたいと言い出したのは鍋島壽夫[*35]プロデューサー。彼がもともと『竜馬暗殺』の大ファンで、俺はこれがやりたいと。それで鍋島プロデューサーは『TOMORROW 明日』('88)という作品

＊31 ルポライター。著書に『鞍馬天狗のおじさんは 聞書アラカン一代』('76)など。
＊32 『鞍馬天狗』シリーズなどで一時代を築いた時代劇スター。戦後東映任俠映画にも多く出演。
＊33 東映社員として『博奕打ち 総長賭博』('68)『仁義なき戦い』('73)などを執筆。他『二百三高地』('80)など。
＊34 軍事専門商社。「山田洋行ライトヴィジョン」を設立し映画界に参入。北野武監督『その男、凶暴につき』('89)などを製作。
＊35 映画プロデューサー。『ソナチネ』('93)『バトル・ロワイアル』('00)など。

を黒木和雄監督と組んでつくっています。

町山　原爆投下の前日の広島市民の日常を描いた映画ですね。

春日　それで「次は『竜馬暗殺』みたいなことがやりたい」ということを黒木監督に言って、同時期に鍋島プロデューサーは脚本家の笠原和夫さんと組んで『226』('89 五社英雄監督）をやっていた。なので「笠原さんともやりたい」ということで、この座組ができあがります。それで笠原和夫に「私は時代劇の大作がやりたいんだ」と言うわけですが、これは荒井晴彦[*36]が笠原にインタビューした『昭和の劇』という本に載ってた話なんですけど、「何をやりたいんだ」と笠原和夫が鍋島プロデューサーに訊《き》いたら、鍋島プロデューサーは『葉隠《はがくれ》』をやりたい、と。武士道の話だと。ただの「武士道かくあるべし」じゃなくて、「武士がどうやって生きていたか、武士の魂だけじゃない話をやりたい」と言ったら、「それじゃ暗くて当たらないだろうな」ということで。それで笠原和夫が七〇年代に一度だめになった『浪人街』をやってみようじゃないかと。

本作に参加した〝大御所〟スタッフ

町山　マキノ雅弘監督は存命中に監修してるんですね。

春日　笠原和夫はマキノ雅弘の直系の弟子なんですよね。それもあって、笠原が黒木和雄と鍋島さんをマキノ雅弘のところに連れて行く。そしたら「やってくれ。俺がこの映画をやりたかったんだけれどもできない。だから俺の代わりに思う存分つくってくれ」と。現場にもマキノ監督はちょくちょく来て、最後の立ち回りにも見学に来てるので、それで一応「監修」として名目的に入れたということですね。黒木監督としては、『竜馬暗殺』はドキュメントタッチで撮るというのがあったんですけど、今度は大作としてやる。昔の時代劇みたいなのを復興させたいというのがあるので、スタッフには大映京都撮影所のスタッフを使うんです。その中には大映のトップのカメラマンである宮川一夫カメラマンが……。

町山　宮川一夫が？

春日　彼も撮ってるんです。最初は宮川一夫にカメラをお願いしたんですけど、その段階でもう体の調子が悪くて、できないと。でも時代劇をやるからにはどうしても宮川さんに撮ってほしいということで、最後の立ち回りのシーンの撮影をB班カメラマンでお願いしてるんですよ。B班、つまりメインのカメラと違う押さえのカメラですね。

町山　奇妙なクレジットで入ってるね。

＊36　脚本家、映画監督。『映画芸術』編集長。

春日　「撮影協力」です。ですから、実は宮川一夫は最後の立ち回りは撮ってはいるんですよ。ただ、どこが彼のカメラでどこがメインカメラか、わからないんですけど。

町山　宮川一夫は黒澤監督の作品も撮った世界的な名カメラマンですね。

春日　溝口健二の『雨月物語』（'53）とか。世界中の撮影に影響を与えたカメラマンがB班で入っている。それもまた豪華なことですよね。そして『竜馬暗殺』の流れで内藤昭が美術をやってるので、長屋であったり夜鷹の部屋であったり居酒屋であったり、セットがとにかく素晴らしい。この座組で古き良き時代劇を完全に再現しようとする。だから黒木和雄は『竜馬暗殺』と『浪人街』でスタンスを全く変えてくるわけです。

町山　『浪人街』は色彩も豪華絢爛。特に赤。そしてキャスティングが黒木人脈。

春日　そうですね。特に原田、石橋、それから伊佐山ひろ子。[*37] これがやっぱり問題で、黒木さんなのでアングラ系を使いたがるんですよ。笠原和夫の脚本には絶世の美女と書いてあったらしいんですけど、そこに伊佐山ひろ子が出てきて、笠原さんは「伊佐山ひろ子は絶世の美女じゃないだろ」と言うんだけど、「美女ですよ」と突っぱねたらしいです。

勝新太郎の問題

町山　話としては、悪い旗本たちが夜鷹、つまり街娼を夜な夜な斬り殺している。旗本というのは、戦国時代なら軍旗を守るエリート侍なんだけど、太平の世が続いたのでやくざ化した、侍たち。

春日　徳川家に直接仕えてる人間なので偉そうにしてる。まあ実際に偉いんですよ。だから皆、旗本には頭が上がらない。しかもこいつら、やることがなくて暇なので悪さをいろんなところでしてる。

町山　旗本退屈男という有名なキャラクターがあるじゃないですか。女物の着物を着てる。

春日　女物を仕立て直して、ド派手な格好で。時代劇で旗本というと派手な格好で、馬鹿ボンボンとして出てくる。

町山　チャラい格好して悪いことばかりしている。

春日　ボンボンの息子の半グレみたいなものですよね。

町山　そいつらが、面白半分に夜鷹を斬り殺している。で、夜鷹たちに用心棒として雇われてるのが勝新太郎なんですけど、まったく役に立たない。

春日　「赤牛」という男で、ただの飲んだくれなんですけど。これが役に立たないどころか、旗本側についてしまったり、行ったり来たりどうしようもない。

＊37　日活ロマンポルノで活躍後、映画やテレビドラマに多数出演。

町山　旗本側から家臣にしてやるぞと言われて寝返っちゃう。

春日　笠原和夫としては、実質的主人公はこいつだと。これこそがまさにマキノ雅弘が描きたかったもの。つまり旗本的な生き方、アウトロー的な生き方、どっちに対しても是も非もなくて、ただ単にぐうたらに過ごしていくうちに流れ流れてそういうところに辿り着いてこっちに行ったりあっちに行ったりという自由さ。その自由さこそマキノ雅弘が描く人間の理想なんじゃないかというのが笠原和夫の捉え方でした。なので、ここをいちばんフィーチャーしたかった。でも勝新がこれをやると……。

町山　弱そうに見えないのが問題！　五七年にマキノさんがリメイクした『浪人街』を見ると、赤牛は完全な弱虫なの。で、出世ばかり考えて敵に寝返ってしまうんだけど、最後の最後に良心を取り戻して敵に立ち向かうという、泣かせる芝居をするいちばん重要なキャラクターなんですね。ところが勝新だとちっとも弱虫に見えない！

春日　完全に座頭市なんですよね。本当は強い人が敢えてへりくだってる。本当は裏に何か隠してるんだろうって見えてしまう。

町山　何か企んでるとしか思えない。

春日　笠原和夫が脚本を書いた段階でのイメージキャストは桂枝雀《しじゃく》*38だったそうです。ああいう飄々として憎めない爺さんなんですよ。

町山　おべっか使いの卑屈な男。勝新も、そのとおりに演じてはいるんだけど、観客としては弱いふりにしか見えない。

秩序のないオールスター

春日　鍋島プロデューサーはこの映画を当てたいので勝新を引っ張ってくる。それで、共演者たちがチーム勝新太郎みたいなところがあるんですよ。

町山　そう。石橋蓮司とかね、勝新グループだから。

春日　原田芳雄も仲いいですから。それに田中邦衛、*39 樋口可南子*40もそうですから。

町山　勝新御大《おんたい》が来ちゃったから仕切っちゃうんだ、現場を。

春日　勝新は基本的にアドリブ重視なんですよ。現場で面白いと思ったらどんどん芝居を変えていく。一方の笠原和夫はストラクチャーの人。計算に計算を重ねた構成をがっちりつくっていくので、少しでも変えちゃうとその計算が崩れるんです。それで脚本と役者の

＊38　二代目。上方落語界を代表する人気噺家。映画主演作に『ドグラ・マグラ』（'88）。
＊39　俳優座出身。『若大将』シリーズ（'61〜'81）、テレビドラマ『北の国から』（'81〜'02）など。
＊40　『ときめきに死す』（'84）『座頭市』（'89）『女殺油地獄』（'92）など。

芝居と黒木演出が合わなくなっていってしまったというのがこの映画の一つの悲劇ですね。現場自体は相当盛り上がったらしいんですよ。黒木監督も含めてみんなアドリブ大好きだから、じゃんじゃんアドリブ芝居やって。

町山 むちゃくちゃになっちゃった。

春日 笠原和夫がすごい言い方をしています。「秩序のないオールスター映画」。

町山 ははははは。

春日 みんな好き勝手に芝居してる。脚本家にしたらたまったもんじゃないですよ。これだけのメンバーが好き勝手にやって、俺の脚本どこいったの?っていう話ですから。

町山 もったいないね、そこは。

春日 黒木監督も後のインタビューで言っているのは、「勝さんの参加で脚本が崩れた」と。でも、やってるときは気づかないんですよ。楽しいから。

町山 ハイになってるからね。でもさ、勝新が一人いれば敵を全員殺せるじゃん。

春日 そうなんですよ。これは黒木和雄監督も、鍋島プロデューサーから「勝新でいきたい」と言われたときに同じことを思ったらしいんですよ。お客さんは座頭市のイメージがあるし、勝新が来たら全員殺せるだろうと言ったら、勝新が「いや、わかった。だったら俺は一人も殺さない役をやる」と言って、立ち回りの中で誰も殺さないということにしていったんですけど。でも笠原和夫からすると、一人は絶対に殺さないといけないいんですよ。それは困るということになって、折衷案としてああいう形で、自分ごと敵を殺すという形になったんです。でもそれをやると逆にヒロイックになっちゃうんですよね。

町山　結局映画をさらっちゃう。

春日　いちばん美味しい死に方と殺し方をしますから。だから折衷案が結局また勝新を立たせることになってしまった。

町山　赤牛は映画史上に残る名台詞を言いますね。旗本側についていたのに、急に旗本側に刃を向けて、旗本から「お前、寝返ったな」と言われると、「いや。表返ったのさ」と。ところが勝新でキャラクターが変わっちゃったから……。

春日　そこが跳ねなくなってるんですよね。

石橋蓮司の素晴らしい殺陣と芝居

町山　ただこの映画はそれでも素晴らしいのは……。

春日　石橋蓮司。

町山　でしょ？　これは石橋蓮司の映画ですよ。何がすごいってクライマックス。蓮司が惚れた樋口可南子が旗本たちに捕まって牛裂きの刑にされる。僕はこれを初めて見たときは五七年版を見てなかったので、牛裂きの刑って現代的だなと思ったの。足に紐をつけて牛に足を裂かせて。『徳川女刑罰絵巻　牛裂きの刑』（'76）って牧口雄二監督の映画からの引用かと思ったら、オリジナルにあるんですね。だからタイムリミットが設定されている。早くしないと牛裂きされる。

春日　急げ、間に合わなくなる！

町山　急げ！というのは時代劇の基本なんですよね。『血煙高田の馬場』（'37マキノ正博監督）もそうだし、『雄呂血《おろち》』（'25二川文太郎監督）もそうだし、誰かが危機に陥ってるからそれを助けるために侍がダダダダダッと走る。それが活動大写真、サイレント時代からの典型的なクライマックス。そこにまず来るのが、ぐうたらの浪人で女の部屋でぐだぐだのいつもの原田芳雄。旗本たちを斬って斬って斬りまくる。ただ原田さんだから、腰を据えてバキッと斬らないんだ。

春日　やっぱ斬り方も原田芳雄的。だらっとしてる。

町山　アンニュイな斬り方なんだ。「うぉおおお！」じゃなくて、「うぅぅぅん」という斬り方なんだ。何なんですか、あれは一体？　あの殺陣は何?!

春日　自分のキャラを守ったんですかね。

町山　斬りながらだんだん服が脱げていって最後は裸になってのたうちまわる。何を見せられているんだろう俺は?と思っちゃった。絶対に刀を両手で握らないのも困るね。片手じゃ人は斬れない。

春日　迫力がないんですよ。

町山　エロいけどね。ダメだこりゃと思ってると、そこに素晴らしい助っ人が現れる。蓮司です。

春日　彼は居合ですからカッコいい。

町山　死ぬ気だから、真っ白な死装束着て、棺桶に入る格好して、南無阿弥陀仏って書いたのを着て、タタタッと走って来る。原田芳雄のアンニュイなフレンチな殺陣と違って、両手でしっかり刀を握ってバキッ!バキッ!バキッ!と斬っていく。あれが最高!

春日　一回ごと納刀しますしね。

町山　居合だから一人斬るごとにね。

春日　日本舞踊やってるからいちいち様になってるんですよね。

町山　背筋がすっと伸びて、斬る時に腰を落として体重をガンとかけて骨を断つ。本当に人を殺せそうな、伝統を守った斬り方をする。

春日　いつも斬られ役ですからね。自分がシンをとって斬っていくのは気持ちよかったと思うんですよ。

町山　他の作品では爆弾犯とかで警察官に射殺される役ばっかりですからね。『大都会』（'76～'79）とか『太陽にほえろ！』（'72～'86）とか『西部警察』（'79～'84）とかだと大抵、「爆弾を仕掛けた」と言ってバーンと撃たれて「うう……」という役ばっかりですから。

春日　それがスターのポジションで、かっこよく人を斬っていきますから。

町山　見違えるようですよ。

春日　子ども心に好きだったのが、最初のほうのシーンで。ここでの石橋蓮司って死体の試し切りをしてお金を稼いでる。そういう仕事をして蔑まれてるんです。でもなんでそうやってお金を稼いでるかというと、その金で樋口可南子を抱きたいんですよ。

町山　童貞っぽいんだ、蓮司が。

春日　すごい童貞感を出すんですよ。このお金を出すからやらせてくれって。

町山　「あなたが好きなんだ。一度でいいから」って言うんですよ。

春日　するとそこになぜか原田芳雄がいるんですよ。「へっへっへ、抱かしてやりなよ」みたいな感じで来るんですよね。

町山　樋口可南子は原田芳雄の女なんですよ。で、「俺の目の前でやるとこ見せろよ」って言う。やらしいねえ。

春日　石橋蓮司はやれないまま、この女がピンチになったときにいちばんかっこいい感じで駆けつける。だから彼は童貞のヒーローなんですよ。

町山 童貞のヒーロー！

春日 この原田芳雄の上から目線な感じと、生真面目に頭を下げる石橋蓮司の関係が、『竜馬暗殺』からくる関係性と似てるんですよ。童貞を苛《いじ》めるいたずらっ子というか、番長と優等生の関係性みたいな。

町山 そうそう。『浪人街』のリメイクのようでいて、なぜか『竜馬暗殺』のリメイクになっちゃってる。

春日 鍋島プロデューサーが『竜馬暗殺』の大ファンで、これをやりたいというのがスタートのキャスティングでもあったので、そこは多分に反映されているんだろうとは思います。あと、この二人がアドリブ芝居したらその雰囲気になっていくんだろうなということもあるでしょうね。

町山 この二本はまとめて見ると楽しめますね。

春日 これ見たとき、まだ童貞なんですよ。完全に原田芳雄より石橋蓮司に肩入れしていました。やっぱりヒーローはヤリチンより童貞なんですよ。石橋蓮司かっこいい！となって、ここから僕の石橋蓮司ファン人生が始まります。

町山 テレビドラマの犯人役でしか石橋蓮司さんを知らない人はこれ見て驚いたでしょう。

春日　石橋蓮司は実は二枚目の芝居が上手い人で、そういうことができる人なんですよね。でも敢えて悪役をやってきた。そこがまたかっこいい。

町山　今の北野武の映画でも苛められてますよね。ヒーヒー言ってるキャラばっかり。

春日　どこか可愛らしさがありますから。

黒木ユニバース

町山　石橋蓮司を『アウトレイジ』（'10）とかで見て情けないおじさんだなと思ってる人は、ぜひ『浪人街』を見ていただきたい。

春日　黒木ユニバースの中でのこの二人の関係性を追うと、とても楽しくなってくる。

町山　黒木監督の作品は他でも同じですからね、キャラはね。

春日　生真面目な石橋蓮司とふざけた原田芳雄。

町山　原田芳雄は黒木作品以外でもだいたい同じ。職業不明で女の部屋でごろごろしてる。

春日　それ、けっこう多いですね。

町山　こういう人になりたかったね。それがだんだん、いい味になっていった。

春日　老境に入ってからの二人の芝居が見たかったなというのがあります。

町山　見たかったですね。

春日　七五、六歳くらいになってから『探偵 スルース』[*41]みたいなのを二人でやったら面白かっただろうなって。

町山　『いつかギラギラする日』（'92 深作欣二監督）で原田芳雄が出てきて、いきなり死んじゃうのも驚いた。ギャグなの?!と思いましたけど。

春日　あれは千葉（真一）さんもそうですけど、皆、え?!という死に方をしますもんね。

町山　『いつギラ』も蓮司がいいんですよ。原田芳雄、石橋蓮司、松田優作、それにショーケン（萩原健一）が絡んでくる。この不思議な……。

春日　まさにユニバース。

町山　このメンバーがいちゃいちゃアウトローしてるのは、テレビドラマ『俺たちの勲章』（'75）で松田優作と中村雅俊と小野伸二が三人でギャングに追われながらふらふら旅してる場面とか、『傷だらけの天使』（'74～'75）におけるセックスしないだけの男性関係とか。

春日　水谷豊はショーケンに添い寝やってますもんね。

町山　チンコ入れてるか入れてないかギリギリの世界。それを見ながら育ちましたね、はい。

＊41　トニー賞を受賞したアンソニー・シェイファーの戯曲。ミステリ作家と、その妻の不倫相手の駆け引きが絶妙な会話劇。

第六章

『御用金』『人斬り』
――五社英雄と豪華すぎる仲間たち

『御用金』

公 一九六九年五月一日 製 フジテレビジョン＝東京映画 配 東宝 時 一二三分
監 五社英雄 脚 田坂啓、五社英雄 製 藤本真澄、福田英雄、椎野英之、佐藤正之 撮 岡崎宏三 美 小島基司 音 佐藤勝 録 原島俊男 照 榊原庸介 編 諏訪三千男 出 仲代達矢（脇坂孫兵衛）／中村錦之助（藤巻左門）／丹波哲郎（六郷帯刀）／司葉子（しの）／浅丘ルリ子（おりは）／夏八木勲（高力九内）／田中邦衛（長井兵助）

フジテレビの映画製作第一弾。北陸の小藩の漁村で村人が神隠しに遭う。しかしそれは難破船を横領する策略だった。浪人脇坂孫兵衛と、公儀隠密の藤巻左門が第二の神隠しを阻止すべく立ち上がるスペクタクル巨編。

『人斬り』

公 一九六九年八月九日 製 フジテレビジョン＝勝プロダクション 配 大映 時 一三九分
監 五社英雄 脚 橋本忍 製 村上七郎、法亢堯次 撮 森田富士郎 美 西岡善信 音 佐藤勝 録 大角正夫 照 美間博 編 菅沼完二 出 勝新太郎（岡田以蔵）／仲代達矢（武市半平太）／三島由紀夫（田中新兵衛）／石原裕次郎（坂本竜馬）／倍賞美津子（おみの）／辰巳柳太郎（吉田東洋）

幕末の京都を舞台に、「人斬り」浪士たちが血で血を洗うテロリズムを繰り広げる。岡田以蔵は、人斬りとして、斬りまくるが……。

『御用金』

フジテレビ映画第一作

町山　五社英雄監督[*1]はフジテレビ出身ですね。今ではテレビ局が劇場用映画を製作するのは当たり前だけど、『御用金』はその先駆けですね。

春日　フジテレビは、今もたくさん映画をつくっていますけれど、第一回製作がこの『御用金』。放送でスポンサーから得る収入以外の事業を始めようということになって、映画製作に進出します。で、社員である五社英雄が任された。彼はフジテレビのディレクターでありながら、すでに監督として劇場用映画を撮っていた。本当は副業はよくないんですけども、フジテレビが許していたのは、劇場用映画に進出する準備もあったようです。経験のある映画監督が社内に欲しかった。

町山　『御用金』はいきなり大作ですね。

＊1　テレビ時代劇『三匹の侍』（'63〜'69）などを手掛けた後、『鬼龍院花子の生涯』（'82）『極道の妻たち』（'86）などを監督。

春日　今のフジテレビ商法に近いんです。テレビを使って大々的に映画を宣伝して。大ヒットしました。予算もかけてます。当時の日本映画では破格。大きく広がりのある映像を撮るためにパナビジョン・カメラを使っています。

町山　いわゆるシネスコの縦横比。左右の視界いっぱいに長い。六〇年代のマカロニ・ウエスタンがみんなこうでした。

春日　雪の映像とかがものすごい迫力で出てくるんです。

あの名作の元ネタ？

町山　タイトルの「御用金」は、御用、つまり徳川幕府の金塊のことです。当時、日本は金の輸出国だったんですね。幕府は佐渡島で採れた金を売って収入を得ていた。それを佐渡島から船に載せて運んでいる途中で強奪しようという、いかにもマカロニ・ウエスタン的な話です。

春日　首謀者は、地元の藩の会計係の丹波哲郎[*2]で、財政難のために金塊強奪を企む。輸送船が近くを通る際、岬の狼煙《のろし》の位置を変えて、座礁するように誘導しようと。で、その岬にあった漁村の住民を目撃者として皆殺しにするところから始まる。

町山　でも、その虐殺からいきなり映画が始まるので、観客には何が理由かわからない。

徹底的に殺されて、たった一人の生き残りが浅丘ルリ子。[*3] で、主役は仲代達矢。[*4] 彼は、虐殺にかかわった罪悪感で脱藩したんだと後からわかる。で、これさあ、『野性の証明』[*5]（'78佐藤純彌監督）の元ネタでしょ？

春日　ああ！　そっか、そっか。言われてみればそうですね、虐殺があって。

町山　仲代達矢の役が『野性の証明』では高倉健扮する自衛隊のレンジャー。虐殺の生き残りが、薬師丸ひろ子。

春日　どっちも夏八木勲[*6]が出てて。黒幕が丹波哲郎から三國連太郎になる。

町山　『御用金』に話を戻すと、丹波哲郎が二回目の御用金強奪を目論む。

＊2　豪快な役柄で人気を博す。『日本沈没』（'73）『砂の器』（'74）、テレビドラマ『キイハンター』（'68〜'73）など。

＊3　日活の看板女優として『渡り鳥』シリーズ（'59〜'62）などに出演。『男はつらいよ』シリーズ（'73〜'95）のマドンナ・リリーでもおなじみ。

＊4　戦後日本を代表する俳優の一人。俳優座出身。『人間の條件』（'59〜'61）『用心棒』（'61）『切腹』（'62）など。著書に『遺し書き』など。

＊5　森村誠一の小説を映画化。虐殺事件の生き残りの少女と自衛隊員が事件の謎に迫る。

＊6　『人間の証明』（'77）から『天と地と』（'90）まで角川映画の常連。

春日　同じ虐殺が行われるんじゃないかということで、二度とさせまいと思った仲代達矢が、その藩に戻ってそれを阻止しようとしていく話です。

三船敏郎が急遽降板

春日　主人公の行く先々に謎の浪人、中村錦之助が現れて助っ人する。

町山　へらへらと、胸元をポリポリかきながら出てくる。この仕草は……。

春日　三船敏郎の椿三十郎でおなじみの仕草。

町山　なぜ錦之助が三船の真似を？

春日　この役はもともと三船で途中まで撮影しているんです。この作品は真冬の下北半島、もう大雪の中でロケしていたんですが、ある日、三船がお酒を飲みすぎまして……。

町山　あー。

春日　三船さんは、普段は本当に紳士なんですね。付き人もつけず、なんでも自分でやる。現場に最初に来て掃除するような礼儀正しい人なんですけど、最大の問題はお酒。

町山　酒乱なんですね。

春日　一旦酒飲むと大変なことになる。いろんな伝説があります。家から槍かなんか持ってきて、黒澤明の家の前で「黒澤出てこい」ってやったとか。仲代さんもけっこうお酒が強いんですが、ロケ先で夜に、三船さんと二人で飲んでいたら、口論になってしまった。
町山　三船さんと仲代さん、『用心棒』（'61 黒澤明監督）の頃からの仲でしょ？
春日　そう、『用心棒』があり、それから『上意討ち　拝領妻始末』（'67 小林正樹監督）もあり、『椿三十郎』（'62 黒澤明監督）『天国と地獄』（'63 同）と、何度も共演している本当にいいパートナーで、しかも今回は仲代さんが主演だから、三船さんは「お前のために一肌ぬごう」ということで出演してくれたんです。それなのにお酒の席で揉めちゃったんです。それで三船さんが「帰る！」と言い出した。
町山　帰るって青森でしょ？
春日　そう、下北。下北沢じゃないですよ、下北半島ですから。汽車に乗って帰る。ただ当時汽車は時間がかかるので、スタッフはすぐ東宝に電話して。上野駅で藤本真澄ら東宝のトップがみんな待ってたんですが、三船さんそれを無視して家に帰ってしまった。それから、三船敏郎を現場に戻るよう説得したんですが、その間下北で、スタッフはずっと雪の中で待っている。とりあえず三船さんのいないシーンは撮ってたんだけど、それを撮り終わっちゃっても、三船敏郎の説得ができない。すると現場のスタッフがいらいらして、東京映画の人たちなんですが、テレビ局なんかが映画に手を出すからこんなことになるんだ、と怒って、フジテレビのプロデューサーを殴ってしまう。それで五社英雄監督もどんどん気が沈んでいって。仲代さんも自分を責めて、家を抵当に入れてでも、このマイナスは返す、と言い出す。そして、仲代さんが親友でもある錦之助さんに頼んだんです。

町山　三船の代役を。

春日　錦之助は「行ってやらあ！」と。汽車に乗ってやってきて。「いや寒いねここは！」みたいに、錦之助特有のあの明るいタッチで。それでようやく事態が収まった。来てすぐに五社英雄が錦之助に何をやらせたかというと、縛って岩の上に転がしたんです。

町山　極寒の下北で。

春日　三船ですでに撮ったシーンを全部、錦之助で撮り直したんです。丹波さん、インタビューで、馬に乗って雪中を進むシーンを二回やらされたのはつらかったと言ってますね。

極寒の下北半島で過酷なロケ

町山　とにかく寒さがスクリーンから伝わってくる映画です。

春日　豪雪の中で。時代劇の中でもここまで雪の中で撮ったのはそうない。

町山　面倒臭がり屋の丹波さんがよく耐えましたね。

春日　丹波さん、五社英雄の盟友ですから。とにかく五社英雄のためなら体を張る役者でした。もともと丹波哲郎っていうのは五社英雄さんの『トップ屋』（'60～'61）で出て、そのあと『三匹の侍』（'63〜'64）。だからこの二人は大親友ですよ。

町山　丹波さん、普段は台詞も覚えてこないのに。

春日　五社英雄には何も言わない。仲代さんはどちらかというと、困難な撮影になればなるほど燃える男ですから。もう、喜んでやるわけです。

町山　もともと雪に埋もれる役で出てきた人ですからね（笑）。

春日　そうですね、『人間の條件』（'59〜'61 小林正樹監督）で雪に埋もれ、あれで本当に死にかけたから。気持ちよくなってきたとおっしゃってましたからね。

町山　それは凍死寸前だよ。

春日　「カット」の声が遠くに聞こえたっておっしゃってました。それで今回雪で大変な目にあうわけです。拙著『鬼才　五社英雄の生涯』（文春新書）に写真がありますけど、仲代さん、雪の中で、でっかい木に吊るされる。スタントも何もなしで。

町山　氷点下だよね？

春日　そうです。しかも時代劇の服装ですから。

町山　ヒートテックはないんだ！

春日　それで仲代さんは高いところに吊るされたまま、撮影の間じゅう、ずーっとぶらぶらぶらぶら。最後はずどんと雪の中に落ちる。それワンカットでやってますから。

町山　世界の仲代が。

春日　もうひとつきつかった撮影は、最後、敵のアジトに潜入するところ。岸壁なんですよ。これを草鞋《わらじ》で登っていくのを、仲代さんはスタントなしでやってる。

町山　落ちたら死ぬよ。

春日　しかも上から俯瞰で撮っているんです。俯瞰で撮ることで後ろの海が見えるんだけど、全部見えちゃうんで命綱が付けられない。

町山　今みたいにデジタルで命綱を消せない。

春日　さすがの仲代さんも嫌がったんです。そしたら五社さんが「俺が見本を見せる」と、革ジャン革靴で崖を登ってみせた。監督がやっちゃったら断れないわけです。それで仲代さんは登っていって。

町山　ポール・ヴァーホーヴェン監督が[*7]『スターシップ・トゥルーパーズ』('97)で、男女混合のシャワーシーンを撮るときに、俳優たちが恥ずかしがって脱がなかったんで、「じゃあ、俺がやる!!」って全裸になったので俳優たちが脱いだんですよね。

春日　(笑)。でも五社英雄も、のちの『鬼龍院花子の生涯』('82)以降も自分が裸になって助監督と一緒に濡れ場の見本を見せるってのをやってますから。ポール・ヴァーホーヴェンと五社英雄、作風もね、似てますから。

町山　作風似てますね。やたらと血が出て。
春日　あと強い女が好きっていうね。すごくこの二人は似ている。
町山　日本のポール・ヴァーホーヴェン。
春日　と思っていただけたら。だから『グレート・ウォリアーズ』（'85）見た時、五社英雄じゃねえかと思いましたよ。
町山　あの映画は五社英雄の世界だね。まったくモラルがない。
春日　そう、モラルがないなかで、しかも最後みんな仲間内で死んでいく話なんです。
町山　そっか、ポール・ヴァーホーヴェンは五社英雄か。こんなこと言ってる人いる？
春日　俺はずっと思ってましたけどね。
町山　すげえな。で、この『御用金』、カラー撮影が、実に美しい。
春日　映像が本当に。雪の中で。岡崎宏三[*8]カメラマンで。やっぱり名カメラマンと言われるだけあって、本当に美しい。

＊7　オランダの映画監督。作品に『ロボコップ』（'87）『トータル・リコール』（'90）『氷の微笑』（'92）など。
＊8　主に東宝作品を撮影。『いのちぼうにふろう』（'71）『華麗なる一族』（'74）『化石』（'75）など。

町山 雪で一面真っ白な画面と赤い血のコントラストが、もう、『ファーゴ』（'96 ジョエル・コーエン監督）みたいな。

春日 丹波さんと仲代さんの最後の一騎打ちがまた素晴らしい。

町山 すごい雪の中で。見てるだけで凍えるようで。

春日 寒いと思います。アイデアでうまいのが、寒さをちゃんと演出している。松明《たいまつ》を持ってきて、松明を雪の地面に刺して、手で、はぁーって。

町山 刀を持つ手に息を吹きかけながら戦う。

春日 こういうディテールが面白い。ディテールがはまったときの五社監督は強いですよ。

体を張った俳優たち

町山 金塊をめぐって三人の男が絡むというプロットはセルジオ・レオーネの『続・夕陽のガンマン 地獄の決斗』（'67）っぽいよね。いい奴が仲代、悪い奴が丹波、そしてコミカルなのが中村錦之助。で、レオーネ風に、最後は丹波哲郎と仲代達矢の決闘で終わる。

春日 この決闘がまたかっこいいんです。

町山 すごくかっこいい！

春日 時代劇史に残る決闘だとは思ってますけども。

町山　丹波さん、ほんとに一生懸命仕事してる！

春日　五社作品の丹波さん……『御用金』までは一生懸命やっている。丹波さん、『丹波哲郎の好きなヤツ嫌いなヤツ』という本で書いてますけど、ここで俺は五社監督のために一生懸命やるのをやめた、ということを。

町山　やっぱりやめちゃうのか！　ははははは。

春日　あとは仲代に譲る、と。で、夏八木勲といういい奴が出てきたから。いつまでも俺がやっていてはよくない、ということでした。けっこう飽きっぽい人なんです。

町山　ま、丹波さんらしい。

春日　だから、俺はもう次に行く。次は結局テレビのほうに行くわけですけど。

町山　最後の真面目タンバ。

春日　夏八木さんもやっぱり大変で。岩場で決闘をやってるんです。それが怖かった、と言ってますね。あと水がとにかく冷たい。

町山　波が叩きつけてるし。

春日　外気も冷たいから、水があったかく感じる瞬間があって。

町山　水は零度だから、外気に比べたらあったかい。

春日　マイナスですよ。地獄なんです。そんななかで体を張ることをいとわない人たちがやってるということです。

映画史に残る豪快な〝屋台崩し〟

町山　屋台崩しもすごい。櫓《やぐら》がミニチュアじゃなくて実物大。

春日　これは映画史に残る屋台崩しだと僕は思います。大好きですね、これ。

町山　がらがらがらがらっと崩れていく。

春日　浅草東宝のオールナイトで、あの大スクリーンで見た時に。雪の中でがーっと崩れていくんです。それで海に消えていく。

町山　大スペクタクル。

春日　これは大画面で高画質で見る価値がある映画だなって思いますね。

三船敏郎の〝公儀隠密〟キャラ

町山　気になるのは、三船敏郎がやるはずだった役。公儀隠密なんだけど、それって『座頭市と用心棒』（'70 岡本喜八監督）と同じだよね。

春日　たしかに。

町山　『座頭市と用心棒』の用心棒は公儀隠密なの。つまり幕府のエージェント。すると、

『用心棒』と『椿三十郎』の三十郎はまったく謎の存在なんだけど、その正体は公儀隠密じゃないかと。毎回、無法が行われているところに派遣され、潜入して解決する、ジェームズ・ボンドみたいなものなんじゃないかと。007と同じく三十郎って番号で呼ばれている。

春日 てことは、これもし三船がやっていたら、『御用金』と『座頭市と用心棒』が、一人のキャラクターを通じて同じ宇宙で繋《つな》がってくるわけですね。

町山 テレビの『荒野の素浪人』('72〜'74)とも繋がってくる。『御用金』も三十郎と同じ衣裳で出てたんじゃないですか。

春日 たぶんやっていたんでしょう。

町山 三船さんの中では実はみんな三十郎シリーズ。

春日 三船宇宙の中にこの『御用金』も入っていたかもしれない。

『人斬り』

屈指の名脚本家・橋本忍

町山　で、『御用金』がヒットしたから、フジテレビはすぐに五社英雄監督で『人斬り』を製作。『人斬り』はすごい映画ですよ。

春日　これは何がすごいかというと――五社英雄の最大の問題は何かというと、脚本を無視するということにある。それで脚本に自分のアイデアを入れると訳がわからない展開になる。『雲霧仁左衛門』（'78）とか、ストーリーがわからないんです。

町山　『雲霧仁左衛門』、お話が全然わからない。

春日　五社英雄の最大の問題なんです！　この映画はそれが起きなかった。五社英雄の作品で、これとたぶん『鬼龍院花子の生涯』だけと言ってもいいぐらい、ストーリーがちゃんとしてる。

町山　『人斬り』は泣ける話なんです。

春日　ストーリーが素晴らしい。橋本忍さんという、日本の戦後映画史のナンバーワンといってもいい脚本家だと思いますが、『羅生門』（'50 黒澤明監督）でまずデビューして、そして『生きる』（'52同）『七人の侍』（'54同）を書いてきた人で。『切腹』（'62小林正樹監督）があったり『上意討ち』があったり。

町山　『幻の湖』（'82）さえなければ。

春日　『人斬り』の頃はノリにノッていた。『日本のいちばん長い日』（'67岡本喜八監督）の二年後ですから。

町山　『人斬り』の原作は司馬遼太郎さんの『人斬り以蔵』。

春日　それを橋本さんが基にしたといっても、司馬さんに怒られたみたいです。抗議の手紙がきたっておっしゃってましたけど。かなり橋本色が強く……。

町山　かなり政治的な映画になってます。

春日　司馬さんのは短編なんですね。それもあるんで、かなり橋本色を強くしている。ほぼ、橋本忍ワールド。

町山　NHKの大河ドラマ『龍馬伝』（'10）の以蔵の描き方は、この『人斬り』の以蔵像がベースですね。

春日　かなり似た設定ですよね。

町山　『龍馬伝』では佐藤健《たける》が以蔵で、武市半平太が大森南朋《なお》。この二人の関係性が、『人斬り』の勝新と仲代そのもの。

春日　飼い主と飼い犬という関係ですね。

町山　幕末、武市半平太が土佐から京都に派遣され、藩に無断で倒幕のためにテロを続ける。人斬り以蔵を使って、幕府側の要人を暗殺していく。以蔵は貧乏で孤独な男で、武市に褒められるのがうれしくて殺しまくる。

春日　武市に気に入られようと必死に頑張っていく。こうすれば喜ぶんだ、と。だんだん人を殺すことの快感に目覚めていく。

五社流！　以蔵の力任せな殺陣

町山　以蔵の殺陣《たて》がすごい。力任せ。

春日　ばーんって。格子ごと斬る。

町山　町屋格子といって、京都の家の窓に入ってる細い格子。あれごと斬っちゃう。

春日　ばりばりばりばり……！

町山　以蔵はとにかく怪力で、刀さえ使わないで、素手で人を締め殺したり。刀を受け止められて、鍔《つば》迫《ぜ》り合《あ》いになるんだけど、以蔵はそのままぐいぐい押し切って、相手の首に刀をめり込ませる。

春日　こうなって（押し切られる仕草）。これのファーストシーンで辰巳《たつみ》柳太郎《りゅうたろう》*9が刺客に殺されるシーンを以蔵が見ている。

町山 鍔迫り合いを見ている。

春日 あの殺し方にヒントを得たんでしょうけど、鍔迫り合い状態からどんどん追い詰められて、相手を防いでいる自分の刀ごと押しこまれて、がーって斬られていく。この苦悶の辰巳柳太郎の表情がすごいんですね。それを見た岡田以蔵が、ああ、こうやって斬るんだって。

町山 剣法をまともに習ったことはない。デタラメな型でバンバン斬りまくる。でも、人斬り以蔵、根はものすごくいいやつなんです。

春日 いいやつ。本当に悲しい飼い犬の話です。それでキャスティングもすごい人を集めて。三船敏郎、仲代、石原裕次郎[*10]。裕次郎は坂本竜馬。

町山 三船プロ、勝プロ、石原プロ、中村プロ、と、スター俳優たちが製作プロダクションをつくって、独立していた時代ですね。『人斬り』は勝プロだったっけ？

＊9 沢田正二郎亡き後の新国劇を島田正吾と支えた剣戟スター。

＊10 『太陽の季節』（'56）でデビュー、一躍スターに。『嵐を呼ぶ男』（'57）、テレビドラマ『太陽にほえろ！』（'72〜'86）など。

春日　勝プロ作品です。勝新太郎がつくった勝プロとフジテレビの提携で。フジテレビが映画をつくるとなったときに、各映画会社はできるだけテレビに協力したくないんですが、完全にしないわけにもいかないから、各映画会社の持っている子会社が請け負うという形になっていた。だから『御用金』は東宝の子会社である東京映画がつくって、それで東宝が配給をしていた。勝プロは大映の社内プロダクションという、子会社の立場でした。だから大映の子会社の勝プロが請け負う形でつくられていたわけです。

町山　勝新太郎と五社英雄のコラボはこれが初めて？

春日　この作品が初めてで、それまでは飲み仲間だったんです。それまでは全然仕事をしたことはなかった。だから作品的にはこれが唯一。このあと『唖侍《おしざむらい》』（'73〜'74）がありますけど、これは五社英雄は原作者でしかないから。作品で組んだのはこれだけですよね。

愛すべき以蔵と冷徹な武市半平太

町山　以蔵は本当に愛すべきキャラクターで。

春日　すごく粗暴で、いろいろと豪快で、学もないんだけど、人は良くて兄貴分で、いろんな人間をまとめていく。でも結局は利用されてしまい、居場所がなくなっていく。

町山　見ていると本当に可愛くていい奴。倍賞美津子[*11]さんが演じる女郎に最後にしてやることとか、泣かせるんです。

春日　生タコを一緒に食べたり。

町山　あ、タコ食べるよね。二人でセックスばっかりしている。朝から晩まで。

春日　倍賞美津子の女郎屋と家が近くて。山本圭[*12]が繋ぎ役なんですけど、「武市先生がこんなこと言ってました」「わかった！」って行くんです。

町山　山本圭はどの映画でも左翼学生ですけど、時代劇でも同じ役（笑）。維新の志士になりたい若者。

春日　仲代さんの武市半平太に心酔している若者。でも、以蔵のことも好きでね。

町山　石原裕次郎は坂本竜馬。『幕末太陽傳』（'57 川島雄三監督）では高杉晋作だったけど。

春日　ま、裕次郎です。ほぼ裕次郎です。誰も理解者がいなくて、受け止めてくれる人もいない岡田以蔵の唯一の理解者としている。彼との友情が描かれていくんですけど、橋本さんらしいな、と。人間が理不尽の中でひたすら追い詰められていって、ひどい目にあう、

＊11　『喜劇・女は度胸』（'69）『復讐するは我にあり』（'79）など。姉は倍賞千恵子。

＊12　俳優座出身。青春ドラマ『若者たち』（'66）で人気を博す。ナイーブな青年や左翼青年をよく演じる。『皇帝のいない八月』（'78）など。

っていう橋本忍ワールドそのものであるっていう。

町山　たぶん司馬遼太郎が怒ったのは、後半で橋本忍流の政治的メッセージを勝手に盛り込んじゃったからじゃないかな。

春日　橋本さん自体はあまり政治的メッセージに興味ない人なんですけどね。ただ、武市半平太を相当に悪く描いていた。

町山　陰謀家。マキャベリスト。本当の武市半平太はどうだったかわからないけど、この映画の中では、維新の志士というより、革命で権力を握りたいだけの男。仲代さんが爬虫類のような暗くて冷たくて空虚な眼をしてね。

春日　そういう時の仲代さん、本当に怖い。『金環蝕』（'75 山本薩夫監督）もそうですけど冷たい時の怖さたるや。まったく岡田以蔵のほうを見向きもしない。時計かなんかいじりながら話聞いてたりとか。この武市、悪い役なんですけど、ちょっと嫉妬深いところがあって。以蔵が竜馬をほめたりするとか自力で何かしようとすると、嫌がらせしたりとか。

町山　そんな奴に殺人マシーンとして利用されて以蔵はかわいそうなんですが、ただ一人、彼の気持ちを理解してくれる男がいる。それがなんと三島由紀夫。

俳優としての三島由紀夫

春日　土佐の人斬りが勝新太郎の岡田以蔵なら、薩摩の人斬りの田中新兵衛を三島由紀夫[*13]がやってる。

町山　実在の人物ですね。三島由紀夫はこの前にもすでに映画には出てますね。

春日　そうですね、『憂國』（'66 三島由紀夫監督）とかね。

町山　ま、『憂國』は三島自身の自主製作映画ですね。

春日　『からっ風野郎』（'60）ですね。

町山　『からっ風野郎』は三島由紀夫主演なんだけど、増村保造[*14]監督が、肉体派のつもりだった三島をわざと気の弱いやくざというキャラにして、さらに現場では役者として素人の三島をイジメぬき、しまいには大怪我までさせてしまった映画で。

春日　もともと彼は映画には出たがらなかったという。

町山　その三島由紀夫をどうして五社監督は……。

春日　やっぱり、勝新の向こうを張れる人間は誰かと考えたときに、なまじな人間じゃ無

＊13　小説家。『仮面の告白』『金閣寺』など。一九七〇年、自衛隊市ヶ谷駐屯地で割腹自殺。第三章も参照。

＊14　イタリア留学で映画を学ぶ。『卍』（'64）『刺青』（'66）、テレビ『赤い』シリーズ（'74〜'80）など。

理だということで、三島由紀夫は面白いんじゃないかと。話し合いの中ででてきた、ということらしいですね。ただ三島由紀夫は増村保造の『からっ風野郎』でいやがってるだろうから、難しいんじゃないかというのがあって、五社監督が自分でオファーしてみたら、ちょっと考えてみます、という後に、やるって。

町山　この映画の三島、すごくいいんですよ！

春日　ただ最初やっぱり大変で。「これからお出かけ?」っていうシーンですれ違う。居酒屋でファーストコンタクトなんですけど、あの台詞が彼がなかなか言えなかったという。がっちがちになっちゃって。

町山　新兵衛は、わんぱく小僧のような以蔵に比べるとすごく大人で、余裕のあるキャラクターですよね。

春日　しかも歩きながらの台詞って素人には難しいところがあるんです。さらに時代劇で。加えてものすごく本人入り込んでいますから。それで、五社英雄と勝新太郎と二人で三島由紀夫に関しては演技指導をかなり細かくやったみたいです。勝新は楽屋にずっと三島由紀夫を呼んで、こうしたらリラックスできるよ、とか演技の仕方を。最初は撮影中も衣裳を着させなかったんです。それならやりやすくなる。

町山　なるほど。

春日　それで体に覚えさせた。そうやって演出サイド、五社英雄と勝新太郎と考えて二人で三島由紀夫をもりたてていったのがあったみたいですけど。まあとにかく、これは三島由紀夫がすごい。
町山　ただ、この映画での三島の殺陣は間違っていると指摘する人もいますね。新兵衛の斬り方と違うと。
春日　新兵衛は薩摩示現《じげん》流ですからね。
町山　相手の頭に叩き込む一撃必殺の剣のはずなんです。でも、この映画での新兵衛は二の太刀で下からはらったりしてますから。「これは示現流じゃない！」と怒る人がいるんですよ。
春日　ただ、三島の殺陣は素晴らしい。もともとこの人は剣道をやってたのもあるんで、迫力がある殺陣。石部宿《いしべしゅく》っていう宿で、三藩合同での人斬りの場面。
町山　で、ものすごい血の量！
春日　血の量どっぱどぱ。
町山　噴水ですよ。
春日　そこに勝新太郎が途中から駆けつけてくるんですけど、三島由紀夫と一緒に、どんどん人を斬りまくっていく。ここの三島由紀夫の殺陣、本当に人を殺しているんじゃないかというくらい迫力がありましたね。

町山　勝新は刀めちゃくちゃに振り回しているだけなんですけど、三島由紀夫のは、ずっと腰を据えて、確実に斬っていく感じ。殺陣でキャラが表現されている。

春日　そのへん含め、以蔵、田中、武市の三人のキャラクターの造形は見事。時代劇の全部が揃っている作品なんです。脚本いい、演出いい、役者いい、美術いい、照明カメラみんないいいんですよ、これ。

一流揃いのスタッフたち

町山　シルエットを多用した照明もいいですね。

春日　これ、美間博さんていう、後に若山富三郎の『子連れ狼』の照明をやっていく人なんですけど（本書第四章）、太陽を真正面から撮ったりとか。

町山　さっき言った、町屋格子の殺陣もシルエットで描いている。

春日　あれ、後に『子連れ狼』で使っていく。で、この美間さんて監督に先行して照明つくってきた方ですから。たぶんあれ美間さんのアイデアが相当に入っていたんじゃないかと思いますね。美間さん、これで日本映画技術賞を照明で取るんです。カメラは、『鬼龍院』以降五社作品を全部やっていく森田富士郎さん。初めて森田さんとこれで組む。

町山　スタッフは本当に最高。

春日　冒頭のシーンで辰巳柳太郎が殺されます。吉田東洋という土佐藩執政の役なんですけど。石畳の道があって、横に疏水《そすい》があって、ばーっと雨が降って。これどこでロケしたんだろう、と思ったら、セットなんです。大きなところに本物の石を持ってきて。プラスチックだと、雨を降らせた時に、石に跳ねない。

町山　確かに！　雨がぴちゃぴちゃ跳ねてる！

春日　あれをやるために、本物の石じゃないとダメだっていうんで、本物の石を運んできて。美術の西岡善信[*15]さんはそのときの印象があるんで、そのあと、『鬼龍院花子』で東映で撮るんですけど、東映は絶対本物の石とか使いませんから。お金かけないから。で、『鬼龍院』の屋敷をどうするかっていうときに揉めて。あの家の土間に本物の石を持ってくるまで、いろんな交渉が大変だったと言ってました。そういうディテールにこだわったから、雨の跳ね方がすごいんですよ。

町山　五社監督はとにかく日本家屋の使い方がうまい。

春日　空間の使い方がうまいですね。以蔵が路地で殺すところも、狭い路地に相手を追い

＊15　美術監督。『地獄門』（'53）『炎上』（'58）などの美術を担当。映像京都の社長を務める。

つめていったり。そういう一つ一つのディテール、場所設定、それも含めて見事、というのがありますね。

三島由紀夫に抱かれたい

町山　それに橋本忍の政治的メッセージ。以蔵は坂本竜馬を斬ろうとするんだけど、竜馬は以蔵の知らない世界を教えてあげる。具体的に民主主義という言葉は使わないけど、身分のない世界。全ての人が平等に政治に関われる世界があるんだと話して以蔵の目を開かせる。それまでの以蔵は武市半平太に洗脳された飼い犬だったけど、竜馬の言葉で自我に目覚めてしまう。俺は犬だと自分のことを思っていたけど、そうじゃない、俺も人間なんだ。人格があって、権利があるんだ、と。それで武市に捨てられてしまう。

春日　自我の目覚めた犬はいらないということになっちゃって。

町山　武市に捨てられた以蔵は、人斬りとして職探しをする。長州藩や薩摩藩に。でも、どこも武市半平太から言われているから、以蔵を雇わない。独立したタレントを干す日本の芸能事務所のように！

春日　そう、裏から圧力がかかってるんです。

町山　そうそう（笑）。で、干された以蔵が同じ人斬りの新兵衛と会う。新兵衛は事情を全て知ってるけど、何もしてあげられない。だから、ただ、黙って以蔵の肩を抱いてくれる。このシーン、号泣ですよ！　三島の胸に抱かれたい！

春日　いやー、たまらんです。しかもね、このときの三島ね、体のコンディション、最高にいいんですよ。なにせね、このあと、本人が一番やりたくてしょうがないシーンが控えているから。

町山　三島の胸で勝新が泣くわけですよ。「俺は騙されてた、俺は利用されてたんだ」。そんな勝新を、何も言わずに三島が抱いてくれるの。

春日　三島が演技できないから、余計にいいんですよね。リアルな三島の顔でいる。あそこ変に芝居の表情しちゃったら、ダメなんです。

町山　新兵衛じゃなくて三島自身が抱いてくれる感じ。

春日　でも橋本忍の残酷なところで、そのシーンをやったあとでの……。

町山　仲代が三島をはめる役を勝新にやらせる。

春日　つまり、いろんなところで圧力によって雇われなくなった勝新を、もう一回俺のところで雇い直してやると。そのためにはこいつをはめろ、と。

町山　武市から、新兵衛の刀を殺人現場に置いてこいと言われた以蔵は「親友を裏切れってことなんですか？」と抵抗するけど、武市に「裏切らなければお前はまた犬として捨てるから」と言われて屈服しちゃう。

で、新兵衛は、証拠の刀を突きつけられて、お前が殺したんだろと尋問される。自分はやってないと言ったら、以蔵が困る。だったら俺が死ねばいいと即決する。で、「その証拠品の刀を見せていただけますか」と言って、刀を渡されると一瞬で抜いて。

春日　その場で切腹する。この切腹が――。

町山　ものすごく速い！

春日　三島由紀夫はこのちょっと後に実際に切腹して死ぬわけですけど、その予行演習だったんじゃないかというくらい、すごい。腹に突き立てた刀を横に引く時の二の腕の筋肉。皆さんね、この三島由紀夫の筋肉の盛り上がり方がＷＯＷＯＷのＨＤ版だとものすごく高画質で見られるんですよ。あのシーンは演出なしなんです。

町山　え？

春日　五社は三島に、「あなたの思うままに切腹をやってくれ」と。

町山　まあ、切腹だけのために『憂國』という映画を製作監督している人ですからね。

春日　で、ぐーっとやったときに、どの角度からどう映るか全部計算して筋肉を浮かび上がらせて切腹シーンをやっています。

町山　撮影の仕方も三島が指示したの？

春日　そうです。で、リハーサルの段階から、相当やっちゃったもんだから、おなかに痕ができそうになっちゃって。リハーサルでできちゃうとやばいから、スタッフたちがあわてて止めに入った。そういうのがあるくらい入り込んでいた。

『私は貝になりたい』

町山　田中新兵衛が切腹したのは実話なんですが、それだけじゃなくて、自分で自分の介《かい》錯《しゃく》をした。とんでもない男。
春日　その史実に一つのドラマを入れたのが橋本忍の脚本。
町山　新兵衛の件の真相は以蔵を利用した陰謀だった、というのはこの映画のオリジナルですけど、その後もドラマなどで繰り返されていく。
春日　橋本脚本は『砂の器』（'74 野村芳太郎監督）でもそうですけど、あの人が脚色をやったら、それがその後に映像化する際のベースになっていく。
町山　みんなそれがオリジナルどおりだと思いこんじゃう。
春日　そのくらい、この人は説得力がある脚色をやっちゃうんですね。
町山　橋本忍だから、これは幕末の話じゃなくて、現在も世界中で起こっていることなんだ、とわかりやすく台詞で説明する。結局、武市はテロの首謀者として逮捕されて裁判にかけられるんですが、橋本脚本は「これからもっと大きな殺しがくる。戦争という名の殺しだ。その時は、たった一人の人斬り以蔵だけじゃなくて、何万という人間が人斬りとして操られるんだ」と語る。

春日　わかりやすい。

町山　政治的メッセージがね。要するにここで描かれる以蔵は、戦争で人殺しをさせられる我々自身なんだ、という。

春日　橋本忍は『私は貝になりたい』[*16]（'59 橋本忍監督）を書いたじゃないですか。

町山　『私は貝になりたい』とまったく同じテーマですよ。

春日　そう、だから『私は貝になりたい』のフランキー堺と、この勝新はほぼ同じ。大きな権力によって自分の思わぬことをやらされて、最後は死刑になる。

町山　庶民だったのが徴兵されて、上官に捕虜を殺させられて、戦犯として殺される。

春日　組織の残酷さを描いた人です。『八甲田山』もそう。

勝新太郎と五社英雄

町山　とにかく以蔵はこれだけ人を大量に殺してるのに、全然悪い奴に見えない。これは勝新という役者のなせる業《わざ》ですね。

春日　勝新はつぶらな瞳のせいで、俳優としてはなかなか凄みが出なくて苦労しました。

町山　キラキラしたどんぐり眼《まなこ》なので、子どもみたいなんですよね。

春日　それが『不知火検校《しらぬいけんぎょう》』（'60森一生監督）で盲目の悪役を演じて、瞳を隠せばいいんだと気付いて、『座頭市』で大成功しました。

町山　『人斬り』では、勝新の汚《けが》れない瞳が「純粋無垢な大量殺人者」という、ありえそうもないキャラクターを可能にした。

春日　最初はなんかやり場のない怒りで刀をぶんぶん振り回していて、それしかない。

町山　わんぱく小僧みたいな。それを三島由紀夫が黙って抱いてあげる。

春日　たまんないですね。ほんとね、勝新を中心とした男たちの四角関係ですね。感情のめぐり具合がぞくぞくしてきます。

町山　『兵隊やくざ』シリーズ（'65～'72）の勝新も、以蔵と同じようなキャラなんだけど、あっちの上司は仲代じゃなくて田村高廣ですからね。

春日　五社英雄と勝新の唯一の出会いがこの作品で。本当に素晴らしい。本当にこのコンビは相性よかったと思うんです。

＊16　BC級戦犯の悲劇を描く。フランキー堺主演でテレビドラマ化、翌年に橋本自らが映画化。

町山　もっと見たかった。

春日　『座頭市』の最後の映画は五社英雄が撮るはずだった。でも決裂した。『鬼才 五社英雄の生涯』の中でいろいろエピソードを書いていますけども。本当におしかったと思います。

おわりに――映画を一〇〇倍面白く観る方法

――映画は、何も知らずに観ても面白い。でも、知ってから観ると一〇〇倍面白い。観てから知っても一〇〇倍面白い！――

これは、町山さんのツイッターのアカウントにおけるプロフィール欄に掲げられている一文である。言うならば、「映画評論家・町山智浩」の基本テーゼともいえるだろう。

そして、この点において私は全くの同志である――と言い切ることができる。

こと、旧作映画に関していえば、製作背景やそこに至る文脈、当時の作り手や演じ手たちの立ち位置や受け止められ方がわからないと、いざ観てみても何がなんやら理解できないということも少なくない。また、その「わからない」という部分が「とっつきにくさ」を招いてしまっているというのもあるだろう。

これが「旧作の時代劇」となると、さらに「古臭い」「堅苦しい」という先入観が加わるため、そのハードルはさらに高くなる。

それでは、あまりにもったいない！

旧作映画も、時代劇も、本当はとんでもなく面白い。それが、ある種の「食わず嫌い」

によって遠ざけられてしまうのは、惜しくてたまらないのである。では、その入口をどう提示すればいいのか。これまでも、そうした魅力を語ろうとする語り手・書き手たちはいた。が、彼らはどうしても同時代の視点からノスタルジックに語る、あるいは超論理的にアプローチする――のどちらかになってしまい、それでは「これから入ろう」という世代の人たちの入口にはなりえなかった。

そこで考えたのが、町山さんの言葉を借りるなら「知って」もらうことだった。製作者たちはどんな想いでつくったのか、現場ではどんな撮影が行われていたのか、それを演じる役者たちは何がどう凄かったのか――。個人の思い出や論理的な分析から距離をおき、撮影の裏側での人間ドラマにフォーカスを当てる。それを楽しんでもらうことを入口に、多くの人たちに「表」に興味をもってもらう。それが、私の基本的なスタンスである。

実は、それは自分自身がそうだった。映画製作や時代劇製作の裏側を取材していくうちに、作品への興味はさらに高まっていく。その上で改めて観てみると、本当に「一〇〇倍面白い」のである。この仕事を始めてから、そんな経験を何度もした。町山さんの表現は、決して「盛って」はいないのだ。その私自身が楽しんだ様を読者に追体験してほしい。いつもそう思いながら原稿を書いてきた。

それだけに、町山さんからのお誘いは「渡りに舟」といえた。

町山さんがメインを務めるＷＯＷＯＷ『町山智浩の映画塾！』をはじめとする映画解説イベントにゲスト出演させていただくことが増え、そこで取り上げられる作品の製作秘話を語る機会を得た。町山さんの軽やかな進行もあり、わかりやすく、楽しく、その魅力を伝えることができたのでは、と自負している。

結果的に、取り上げられた作品はいずれも、時代劇の魅力に触れる上で重要な作品ばかりとなった。しかも、時系列に並べ直すと、戦後の時代劇映画史の流れをそのままにカバーすることができる。これがさらに多くの人たちの目にとまることになれば、より「知って」もらえることになるのではないか。そのような想いで本書を企画した。

手に取った方が、時代劇を「一〇〇倍面白い」と思ってもらえたのなら、何よりの幸いである。七月には『戦争・パニック映画編』も刊行されるので、そちらもお楽しみに。

最後に、ＷＯＷＯＷ『町山智浩の映画塾！』スタッフの皆様、『午前十時の映画祭』の皆様といった各イベント関係者の皆様、業界でも名うての厄介な書き手ふたりの作業をまとめてくれた河出書房新社の岩崎奈菜さん、そして町山さんへ、心より御礼を申し上げます。

二〇一九年五月

春日太一

初出

本書は左記の町山智浩・春日太一による対談を書籍化いたしました。

第一章　「『午前十時の映画祭7』特別企画―町山智浩氏が語る20世紀名作映画講座」二〇一六年一〇月一四日WEB公開

第二章　WOWOW『町山智浩の映画塾！』「宮本武蔵　5部作」二〇一五年一二月二八日（予習編）、二〇一六年一月四日（復習編）WEB公開

第三章　WOWOW『町山智浩の映画塾！』「没後40年　三隅研次の剣三部作」二〇一五年九月二五日（予習編）、一〇月一日（復習編）WEB公開

第四章　WOWOW『町山智浩の映画塾！』「『子連れ狼』シリーズ」二〇一七年三月二八日（予習編）、四月八日（復習編）WEB公開

第五章　WOWOW『町山智浩の映画塾！』「『竜馬暗殺』『浪人街（1990）』」二〇一七年一二月六日WEB公開

第六章　文藝春秋『文春トークライブ』「〝天才〟勝新太郎と〝鬼才〟五社英雄」二〇一六年一二月二六日収録

作品データ参考サイト

文化庁「日本映画情報システム」（https://www.japanese-cinema-db.jp/）

キネマ旬報社「KINENOTE」（http://www.kinenote.com/main/public/home/）

古崎康成運営「テレビドラマデータベース」（http://www.tvdrama-db.com/）

注作成協力

松崎まこと

河出新書 008

町山《まちやま》智浩《ともひろ》・春日《かすが》太一《たいち》の日本《にほん》映画《えいが》講義《こうぎ》
時代劇編《じだいげきへん》

二〇一九年六月二〇日　初版印刷
二〇一九年六月三〇日　初版発行

著者　町山《まちやま》智浩《ともひろ》
　　　春日《かすが》太一《たいち》
発行者　小野寺優
発行所　株式会社河出書房新社
〒一五一-〇〇五一　東京都渋谷区千駄ヶ谷二-三二-二
電話　〇三-三四〇四-一二〇一［営業］／〇三-三四〇四-八六一一［編集］
http://www.kawade.co.jp/
マーク　tupera tupera
装幀　木庭貴信（オクターヴ）
印刷・製本　中央精版印刷株式会社
Printed in Japan　ISBN978-4-309-63109-7

歴史という教養

片山杜秀
Katayama Morihide

正解が見えない時代、
この国を滅ぼさないための
ほんとうの教養とは——?
ビジネスパーソンも、大学生も必読!
博覧強記の思想史家が説く、
これからの「温故知新」のすすめ。

ISBN978-4-309-63103-5

河出新書
003